정치
+
철학
08

정의와 자연법

정의와 자연법
정치철학 선집

1판 1쇄 | 2025년 9월 22일

지은이 | 고트프리트 빌헬름 라이프니츠
옮긴이 | 이상명

펴낸이 | 안중철, 정민용
편집 | 윤상훈, 이진실

펴낸곳 | 후마니타스(주)
등록 | 2002년 2월 19일 제2002-000481호
주소 | 서울특별시 마포구 신촌로14안길 17, 2층 (04057)
전화 | 편집_02.739.9929/9930 영업_02.722.9960 팩스_0505.333.9960

블로그 | blog.naver.com/humabook
엑스, 인스타그램, 페이스북 | @humanitasbook
이메일 | humanitasbooks@gmail.com

인쇄 | 천일문화사_031.955.8083 제본 | 일진제책사_031.908.1407

값 16,000원

ISBN 978-89-6437-490-0 94300
    978-89-6437-303-3 (세트)

정치
+
철학
08

정의와 자연법
정치철학 선집

고트프리트 빌헬름 라이프니츠 지음
이상명 옮김

Gottfried Wilhelm Leibniz

De Justitia et Jure

후마니타스

차례

옮긴이 머리말   9

자연법의 세 등급   15
호로티위스의 자연법에 관한 기록   27
자연법의 원리   37
자연법의 원리: 정의와 정리   65
정의와 자연법에 관하여   77
도덕과 정치에서 타인의 입장   85
공동체의 구분   91
만민 외교법 서문   99
일반학을 위한 일련의 정의들: 행복, 지혜, 덕   121
좋음과 정의의 본성에 관하여   127
정의의 공통 개념에 관하여   151

옮긴이 해제   179
찾아보기   206

일러두기

1. 이 책은 라이프니츠의 정의와 자연법에 관한 저작들을 옮긴이가 선별해 번역한 것이다. 번역 대본은 다음의 아카데미판 원문을 사용했다.

   Sämtliche Schriften und Briefe, hrsg. von der Berlin-Brandenburgischen Akademie der Wissenschaften und der Akademie der Wissenschaften in Göttingen.

   - 여섯 번째 시리즈: 철학적 저작 1(Berlin, 1930)
   - 네 번째 시리즈: 정치적 저작 3(Berlin, 1986), 5(Berlin, 2004), 10(Berlin, 2022)
   • 각 저작의 원문은 아래와 같다. 원문의 출처는 라이프니츠 연구 국제관례에 따라 다음과 같은 순서에 따라 약자로 표기했다.
   - 저작명(저작년도): A(아카데미판) 시리즈 연번, 권, 쪽.
   • 번역문의 제목과 원문의 제목이 다른 저작은 옮긴이가 발췌하여 번역했기 때문인데, 번역문 제목에 붙인 주석의 부가적 설명을 참고하길 바란다.
   1) 자연법의 세 등급. Nova Methodus discendae docendaeque jurisprudentiae, pars II, § 71-75(1667): A VI, 1, 342-345.
   2) 호로티위스의 자연법에 관한 기록. Aufzeichnungen(1669-70): A VI, 1, 431-443.
   3) 자연법의 원리. Elementa Juris Naturalis(1670-71): A VI, 1, 459-465.
   4) 자연법의 원리: 정의와 정리. Elementa Juris Naturalis(1671): A VI, 1, 465-477.
   5) 정의와 자연법에 관하여. Titulus 1. de Justitia et Jure(1678/79): A VI, 4, 2777-2780.
   6) 도덕과 정치에서 타인의 입장. La place d'autruy(1679): A IV, 3, 903-904.
   7) 공동체의 구분. Divisio Societatum(1680): A IV, 3, 907-912.
   8) 만민 외교법 서문. Praefatio Codicis Juris Gentium Diplomatici(1693): A IV, 5, 48-55, 60-66, 74-75, 78-79.
   9) 일반학을 위한 일련의 정의들: 행복, 지혜, 덕. Suites des Definitions pour la Science Generale - La Felicite, La Sagesse, La Vertu(1695): A VI, 5, VE. 130100-130103.
   10) 좋음과 정의의 본성에 관하여. Sur la nature de la bonté et de la justice(1703): A IV, 10, 3-29.
   11) 정의의 공통 개념에 관하여. Sur la notion commune de la justice(1703): A IV, 10, 30-47.

2. 우리말 번역에 다음의 영어, 프랑스어, 독일어 번역을 참고했다.
   Leibniz Political Writings, Patrick Riley, Cambridge, 1988.
   Philosophical Papers and Letters, Leroy E. Loemker, Kluwer, 1989.
   Le Droit de la Raison, René Sève, Vrin, 1994.
   Frühe Schriften zum Naturrecht, übers. von Hubertus Busche, Hamburg, 2003.
3. 주는 모두 옮긴이가 붙인 것이고, 본문에 등장하는 문헌과 몇몇 해설에서 필요한 경우 아카데미판과 여러 번역서의 주석을 참고했다.
4. 원문의 강조는 드러냄표로 처리했고, 라틴어 원어를 병기할 때는 원형으로 표기했다.
5. 대괄호([ ])는 원문에 없지만 독자가 이해하는 데 필요한 내용을 옮긴이가 추가한 것이다. 소괄호[( )]는 라이프니츠가 원문에 사용한 것을 그대로 반영해 번역한 것이다.
   주석과 해제에서 이 책에 번역된 저작을 표기할 때는 제목에 큰따옴표(" ")를 사용했다.
6. 인용된 문헌의 국역본이 존재할 경우 대괄호 안에 서지 사항 및 인용 부분의 해당 쪽수를 병기했으나 기존 번역을 그대로 따르지 않은 경우도 있다.

옮긴이 머리말

이 책은 17세기 독일의 철학자이자 수학자였던 라이프니츠의 정의와 자연법에 관한 저작들을 모아 번역한 것이다. 라이프니츠는 철학과 수학, 논리학 연구로 많이 알려진 학자이지만 21세의 매우 젊은 나이에 법학 박사 학위를 받은 법학자이기도 하다. 또한 학위 후 여러 제후들의 법률 자문관으로 일하면서 법 교육과 법 해석, 적용에 관한 연구를 했고, 현대적 관점에서는 법철학이라고 할 수 있는 자연법과 정의에 관한 저작들을 남겼다. 라이프니츠는 자연법과 정의를 주제로 한 저작들을 생전에는 출판하지 않았다. 그 저작들은 라이프니츠 사후에 여러 편집본을 통해 알려졌고, 최종적으로 아카데미판을 통해 알려졌다. 이 책에 번역한 저작들 역시 다른 편집본에도 있지만 모두 아카데미판 원전을 대본으로 번역한 것이다.

이 옮긴이 머리말은 여기 번역된 단편들 전체에 적용되는 우리말 번역의 어려움이 있어 그것을 미리 알리기 위해 마련한 것이다. 여기 번역된 저작들은 원어가 라틴어이거나 프랑스어인 것들이 대부분이다. 그런데 라이프니츠의 자연법 철학과 정의 이론에 대한 저작에서 라틴어 'jus', 프랑스어 'droit'를 우리말로 번역하는 것이 가장 중요하고 어려운 문제이다. 이 단어는 사전적으로 '법', '권리', '정의' 등의 뜻을 갖지만 라이프니츠의 'jus'와 'droit'는 경우에 따라 우리말로 '권리', '자연법', '당위', '정당함', '정의로운 것'이라는 의미로 사용된다. 'jus'와

'droit'를 우리말로 번역하는 어려움은 영어의 'right', 프랑스어 'droit', 독일어 'Recht' 등에서는 크게 발생하지 않는다. 독해할 때, 의미를 각각 다르게 파악해야 하는 어려움은 있을지라도 우리말처럼 각 의미마다 다른 단어를 쓰지는 않기 때문이다. 또한 'jus naturale'와 'jus naturae'를 우리말로 번역하거나 사용할 때, '자연권'과 '자연법'이라는 번역어가 혼용되고 있고, 현시점에서 우리는 '자연법'이라는 용어를 법실증주의의 반대편에 있는 개념 정도로 이해하고 있다는 것도 어려움을 가중한다. 그러나 이 혼용이 연구자들의 잘못은 아니다. 서양 철학에서 자연권 혹은 자연법 개념은 고대, 중세, 근대에 각각 다른 의미와 함축을 가지고 사용되었기 때문이다. 라이프니츠도 자연법 철학에서 중요한 학자들로 고대 플라톤Platon과 아리스토텔레스Aristoteles부터 에피쿠로스Epicouros와 키케로Marcus Tullius Cicero, 근대 흐로티위스Hugo Grotius와 홉스Thomas Hobbes 등을 언급하는 것을 보면 알 수 있다.

    오랜 고민 끝에 이 번역서에서는 'jus'와 'droit'를 우리말 한 단어로 고정하지 않고, 문장과 맥락에 따라 다르게 번역하는 것이 가장 적절하다고 판단했다. 보통의 경우 철학 원전 번역에서는 주요 개념에 대해 일관된 번역어를 사용하는 것이 바람직하고 연구에도 필요하다고 보는데, 이 주제의 저작들에서 특히 저 'jus'와 'droit' 개념은 그렇게 할 경우 전혀 이해할 수 없는 번역이 된다. 어쩌면 현대에 사전적으로 알려진 'jus'와 'droit'의 거의 모든 뜻이 근대 텍스트에서 사용되고 있다고 볼 수 있다. 그래서 이 번역서에는 문장, 맥락과 의미에 따라 '권리', '자연법', '정의로운 것', '당위', '정당함' 등으로 번역했다.

독자들은 옮긴이의 독해와 달리 읽을 수 있다. 그래서 대부분의 경우 원어를 병기했고, 필요한 경우 주석에서 번역에 대한 해설을 담았다. 독자들이 해당 개념이 등장할 때마다 위에 언급한 'jus'와 'droit'의 우리말 단어를 바꿔 가며 읽어 본다면 이해에 도움이 될 것이다.

현재는 자연권 혹은 자연법 연구가 법학 연구가들에 의해 주로 이루어져 '자연법'이라는 번역어가 더 많이 사용되고 있는 상황이지만 사실은 그와 달리 '자연권'으로 읽어야 할 곳도 있다. 번역된 저작에서 '자연권' 혹은 '자연법'이라고 번역할 수 있는 것은 '자연'이 형용사로 사용된 경우와 명사의 여격genitive으로 사용된 경우, 즉 'jus naturale'와 'jus naturae'이다. 이 두 개념을 직역하면 '자연적 권리/법', '자연의 권리/법'이 된다. 서양 근대의 자연법 개념은 로마 시대 시민법과 만민법의 구분과 관련이 있고, 또 만민법과 자연법을 동일한 것으로 보는지 아니면 구분하는지에 따라 다르게 이해될 수 있다. 예를 들어 라이프니츠는 노예를 소유할 수 있는 권리가 로마법의 영향으로 만민법에는 포함될 수 있지만 자연적 권리로 허용되지 않는다고 주장한다. 더구나 근대 자연법 철학은 이성의 원리에 기초해 자연적으로 주어진 개인의 권리와 의무를 규정하려는 경향이 그 이전보다 더 강했기 때문에 '자연법'보다는 '자연권'이라고 읽어야 하는 경우도 있다. 이런 시대적 정황을 포함하여 본 역서에서는 자연권으로 읽을 수 있는 곳에서는 '자연적 권리'로 옮기고, 로마법과 관련된 부분이나 실정법과 대립하는 의미에서는 '자연법'이라고 옮겼다. 그리고 자연법에 관해 쓴 부분인데도 'jus'만 등장하는 곳들이 많은데 이것을 '법'이라고만 번역할 경우 법실증주의 영향으로 이해가 제한될 수 있어서 '[자연]법'이라고 번역한 곳이 있다. 이 점도 독자들이 주석을 확인해 보고, 해석의 방향을 달리할 수 있다.

대표적이고 완결된 이론이나 철학을 담고 있는 대표작 없이 여러 단편 저작을 통해 학자의 철학을 이해하고 연구하는 것이 생소하다고 여길 수 있을 것 같다. 하지만 동시대 다른 학자들과 달리 라이프니츠라는 학자의 철학을 연구하는 데에는 단편 저작을 읽는 것이 무엇보다 중요하다. 여러 단편 저작들을 비교하면서 공통적인 주장의 중요성과 의미를 파악할 수 있고, 다른 부분들을 통해 주요 이론을 여러 방식으로 설명하는 것도 읽을 수 있기 때문이다.

이 저작들을 번역하는 데 오랜 시간이 걸렸다. 옮긴이가 라이프니츠 철학을 연구하기는 하지만 정치와 도덕에 관한 저작들에도 관심을 가지고 연구한 지는 오래되지 않아서 그만큼 시간이 많이 걸렸고, 여러 다른 자료들을 참고하고, 수정하는 일도 많았다. 그리고 고전을 번역하는 일은 더욱더 많은 시간을 들여야 하는 일이다. 여기 번역된 저작들 중 라이프니츠가 1703년에 쓴, 정의 개념에 관한 두 저작은 라이프니츠의 정치철학, 도덕철학의 핵심인 정의 이론을 잘 담고 있어서 학술 연구자들뿐만 아니라 대중 독자들에게도 알리고 권하고 싶은 글이다. 인류 역사상 '정의'라는 말이 문제가 되지 않았던 시대는 없었기 때문이다. 이제 마무리하는 마당에, 이 번역에 오역이 있다면 그것은 모두 옮긴이의 부족함 때문이라는 것을 남긴다. 모쪼록 국내 연구자들에게 잘 알려져 있지 않은 라이프니츠의 자연법과 정의 이론을 읽을 수 있는 기회가 되길 바란다.

정의와 자연법

정치철학 선집

자연법의 세 등급[1]

§ 71. 우리는 자연적 권리jus naturale[2]에 관해 세세한 사항들이 아니라 단지 원리들만을 탐구한다. 그리고 먼저 다른 사람들의 견해에 따라, 그다음에는 우리 자신의 견해에 따라 자연적 권리의 원리들을 탐구할 것이다. 자연법jus naturae에 관해 철학적으로 탐구를 했던 학자들 중에서 플라톤, 아리스토텔레스, 에피쿠로스, 키케로가 가장 뛰어났던 것으로 보인다. 그리고 최근에 가장 뛰어난 학자로는 휘호 흐로티위스, 스포르차 팔라비치노Sforza Pallavicino, 토머스 홉스, 요한 폰 펠덴Johann von Felden, 로버트 섀록Robert Sharrock이 있다. 플라톤은 어디서나 [자연]법[3]의 기초를 공통의 이익τὸ κοινῇ συμφέρον, 즉 공공의 유익

---

1) 이 저작의 원어는 라틴어이다. "법학을 가르치고 배우는 새로운 방법" Nova Methodus discendae docendaeque jurisprudentiae이라는 저작 가운데 자연법의 세 등급에 관한 부분만 번역한 것이다. 이 저작은 서양 근대 법학의 특징인 이성적 법학을 주제로 한 초기 라이프니츠의 저작으로 법학이 논리적으로 증명 가능한 학문일 뿐만 아니라 그 토대는 신학적 요소도 갖는다는 견해를 보인 저작이다. 우리말 번역에 다음 독일어 번역본을 참고했다. *Frühe Schriften zum Naturrecht*, pp. 75-83. 이 책은 라이프니츠의 청년기 자연법 철학 저작들에 대한 독일어 번역서인데 번역이 완벽하지는 않지만 참고할 만한 책이다.
2) 옮긴이 머리말에 있는 번역에 대한 안내를 참조하길 바란다.
3) 원문에는 'jus'만 나오지만 맥락상 자연법을 말하고 있는 것으로 보이는 곳에서 대괄호를 사용하여 '[자연]법'으로 표기했다. 이를 글자 그대로

publicus utilitas으로 설정했다. 국가에 관한 책에서 트라시마코스는 정의로운 것Justum이란 더 힘 있는 자에게 유익한 것이라고 주장한다. 아리스토텔레스와 스토아철학자들은 자연법의 기초가 자연에 따라 사는 것이라고 주장했다. 그리고 사물의 본성에 부합하는 것, 즉 사물의 최적의 상태와 완전한 상태에 부합한 것은 무엇이든 정의로운 것으로 여겼다. 에피쿠로스는 자신에게 실제로 유익한 것, 즉 마음의 즐거움과 정신의 평온을 가져다주는 것을 자연법이라고 판단했다. 키케로는 『의무론』 그리고 다른 책에서 특히 다음을 자연법의 기초로 사용한다. '누구도 자기 자신만을 위해 태어나지 않았다. 조국도, 부모도, 또 친구들도 자기들의 권리를 주장한다.'[4)]

§ 72. 최근 학자들의 견해는 다음과 같다. 휘호 흐로티위스에게 자연법jus naturae이란 이성을 따르는 사회의 본성과 일치하는 모든 것, 즉 사회와 양립할 수 있는 모든 것이다.[5)] 그러므

'법'이라고 할 경우, 법실증주의에 익숙한 현재 우리는 실정법으로 이해할 가능성이 크다. 이것은 이곳뿐만 아니라 이하 번역 전체에서도 마찬가지다.

4) Cicero, *De officiis*, Bk. I, 22[『의무론』, 임성진 옮김, 아카넷, 2024, 36쪽]; *De finibus bonorum et malorum*, Bk. II, 45[『최고선악론』, 김창성 옮김, 서광사, 1999, 78쪽]. 사실 키케로의 말은 그도 밝혔듯이 플라톤의 『편지들』 중 아홉 번째 편지 358a에서 나온 것이다.

5) 흐로티위스의 견해에 관해서는 *De jure belli ac pacis*[『전쟁과 평화의 법』], Prolegomena 6, 8 참조. 흐로티위스는 인간이 자기 보존의 욕구뿐만 아니라 사회, 즉 공동체를 유지 보존하려고 하는 욕구도 가지고 태어났다고 주장한다. 그래서 사회를 보존하려는 일치하는 인간의 이성이 자연법의 원천이라고 생각한다. 인간이 가진 이런 사회적 본성을 전제로 흐

로 그는 홉스가 부인했던 것, 즉 인간은 본성상 사회적이라는 것을 전제한 것이다.[6] 스포르차 팔라비치노는 그의 세련된 책 『좋은 것에 관하여』*de Bono*에서 많은 논쟁 끝에 다음과 같이 주장했다. '자연이 마음에 들어 하는 것은 무엇이든 정의로운 것이다.'[7] 그리고 그는 이 '자연'을 세상의 운동과 정지의 원리로 이해하고, 운동이 매우 아름답고 질서 있기 때문에, 자연이 지혜롭지 않을 수 없다고 이해한다. 홉스는 그의 가장 훌륭한 책 『시민론』*de Cive Elementis*[8]에서 다음과 같이 말한다. '인간의 상태

로티위스는 다음과 같이 정의한다. "자연법은 올바른 이성의 명령이다 Ius naturale est dictatum rectae rationis. 이것은 어떤 행동이 이성적 본성 자체와 일치하는지 불일치하는지를 근거로 도덕적 수치나 도덕적 필요성을 포함하고 있는지 혹은 그런 행동이 자연의 창조자인 신이 금지한 것인지 예견한 것인지 보여 주는 것이다"(*De jure belli ac pacis*, Bk. I, Ch. I, X, 1). 자연법에 대한 이 정의에 따르면, 이성적 본성과 사회적 본성에 반하는 것은 부당한 것으로 간주된다(*De jure belli ac pacis*, Bk. I, Ch. II, I, 3).

6) 인간은 본성상 사회적 존재라는 아리스토텔레스의 견해에 대한 홉스의 비판은 *De Cive*, Ch. 1, 2[『시민론: 정부와 사회에 관한 철학적 기초』, 이준호 옮김, 서광사, 2013, 35-40쪽].

7) Sforza Pallavicino, *Philosophia moralis seu de bono libri IV*, Köln, 1646. 프란체스코 마리아 스포르차 팔라비치노(1607~67): 예수회 신학자, 로마 대학교 철학 및 신학 교수, 1657년 추기경으로 임명되었다. 그리고 'quicquid naturae placet'을 '자연이 마음에 들어 하는 것'으로 번역했는데 이렇게 자연을 의인화한 표현이 시적 표현으로는 무방하지만 철학적 표현으로는 분명한 의미를 전달하기 어려울 수 있다. 그래서 '자연이 정하는 것' 정도로 이해하면 적절할 것 같다. 마찬가지로 그다음에 나오는 홉스의 견해에서도 '국가가 마음에 들어 하는 것'을 '국가가 정하는 것'으로 이해할 수 있다.

8) 라이프니츠는 이 글에서 근대 자연법 철학자들의 저작을 정확하게 표기

는 상위의 권력 밖에 있거나 상위의 권력 아래에, 즉 국가 내에 있다.' 저 [상위 권력 밖의] 상태에서 모든 인간은 모든 인간에 대해 순수한 권리Jus merum, 즉 전쟁의 권리Jus belli를 갖는다. 그러나 전쟁 상태는 파멸적이기 때문에, 모든 인간은 자신의 건전한 이성에 이끌려 평화를 준비하게 된다. 즉 하나의 국가 내에서 평화 상태를 유지하려고 노력한다. 그리고 일단 국가가 설립되고, 그 상태가 유지되는 한, 국가가 마음에 들어 하는 것은 무엇이든 법이 되고, 그곳에 다른 자연법은 있을 수 없다.[9] 요한 폰 펠덴은 『법학의 기초』*Elementis Jurisprudentiae*에서 아리스토텔레스의 원리를 재도입하고 다듬었다.[10] 로버트 섀록은 『자연법에 따른 의무론』*de Officiis secundum Jus Naturae*[11] 이라는 책에서

하지 않았다. 홉스의 『시민론』을 "de Cive Elementis"라고 쓴 것은 이 책이 홉스의 *Elementa Philosophica*[『철학의 원리』] 시리즈 중 세 번째 책이기 때문인 것으로 보인다. 다음에 등장하는 펠덴과 섀록의 책도 마찬가지로 정확하게 쓰지 않았는데, 여기 주에서는 저작의 제목 전체를 제시했다.

9) Thomas Hobbes, *De Cive*, Ch. 1, 5, 6, 12[『시민론: 정부와 사회에 관한 철학적 기초』, 이준호 옮김, 서광사, 2013, 42, 46쪽]; *Leviathan*, Ch. 21[『리바이어던』, 진석용 옮김, 나남, 2008, 21장 279-296쪽] 참조.

10) Johann von Felden, *Elementa Juris Universi et in specie publici Justinianaei*, Frankfurt, Leipzig, 1664. 요한 폰 펠덴(?~1668): 17세기 독일의 법학자, 철학자, 국제법과 자연법사상에서 주목받은 인물로 흐로티위스의 『전쟁과 평화의 법』에 비판적 관점을 가지고 해설을 쓰기도 했다. *Annotata in Hugonem Grotium, De Jure Belli ac Pacis*, Amsterdam, 1652.

11) Robert Sharrock, *De Officiis secundum naturae jus seu De moribus ad rationis normam conformandis doctrina*, Oxford, 1660. 로버트 섀록(1630~

다음과 같이 판단하고 있다. '에피쿠로스와 마찬가지로 최고로 좋은 것Summum Bonum은 마음의 즐거움이다.' 또한 죄악은 피해야 한다. 왜냐하면 그것은 마음의 즐거움에 반하기 때문이다. 죄악은 무형의 채찍과 같기 때문이다. 이로 인해, 만약 어떤 것이 마음에 거슬리게 행해진다면, 그것이 부정의injustitia를 나타내는 표식이라고 볼 수 있다. 그래서 그는 신이 죄악이라고 일컫는 것에 자연적으로 어떤 반감antipátheia이 생기도록 우리의 마음을 창조했다고 믿는다.

§ 73. 우리는 우리의 견해를 설명하면서 이 학자들 간의 견해를 쉽게 조화시킬 것이다. 분명히 자연법에는 세 등급이 있다. 엄격한 권리Jus strictum,[12] 형평aequitas, 경건pietas이 그것이다. 뒤에 있는 등급은 앞에 있는 등급보다 더 완전하고, 앞의 등급을 확증해 주지만 충돌하는 경우에는 앞의 등급을 폐지하게 할 것이다. 엄격한 권리 혹은 순수한 권리Jus merum는 명사terminus

---

84): 17세기 영국의 성직자, 철학자, 식물학자. 토머스 홉스의 자연법과 정치철학을 비판하는 저작과 자연과학 연구로 유명하다.

12) 'jus strictum'을 '엄격한 권리'로 번역했는데, 이것을 '엄격한 법'으로 읽을 수도 있다. 라이프니츠가 로마법의 형식주의적 특징을 나타내는 '엄격법'이라는 용어를 가져다 사용한 것인지는 모르겠지만 가리키는 내용은 '누구에게도 피해를 주지 말라'는 명령을 엄격한 권리로 부르고 있어서 로마법의 형식주의 영향은 아닌 것 같다. 자연법의 세 등급을 설명할 때마다 등장하기 때문에 일관되게 번역하려고 했는데, 모든 맥락에 '엄격한 권리'가 어울리는 것은 아니다. 이하 다른 저작들에서도 '엄격한 권리'로 번역했는데, 독자들은 '엄격한 법'과 비교해 읽고 이해하면 좋을 것 같다.

의 정의에서 도출된다.[13] 그리고 당신이 그것을 올바르게 검토해 보면, 그것은 전쟁과 평화의 권리jus belli et pacis와 다를 바 없다.[14] 왜냐하면 한 사람이 다른 사람에게 전쟁을 개시하지 않는 한, 즉 피해를 주지 않는 한, 그동안에는 사람들 사이에 평화의 권리가 지배하기 때문이다. 하지만 사람과 사물 간에는 전쟁의 권리가 항구적이다. 왜냐하면 사물은 지성을 가지고 있지 않기 때문이다. 사자에게는 인간을 갈기갈기 찢는 것이 허용되고, 산은 붕괴되어 인간을 압도하는 것이 허용된다. 반대로 인간에게는 사자를 통제하는 것이 허용되고, 산을 뚫는 것이 허용된다. 사물에 대한 사람의 승리 그리고 사물의 포획을 점유possessio라고 부른다. 따라서 사물이 누구의 소유도 아닌 한, 점유는 전쟁의 권리에 따라 사람에게 한 사물에 대한 권리Jus in rem를 준다. 물론 사물이 다른 사람의 것이라면, 다른 사람의 시종을 죽이

---

13) 여기서 명사名辭는 중세 'conceptus terminus'에서 유래한 용어로 개념을 언어로 표현한 것을 가리키며, 명제를 구성하는 단위로 주어 명사, 술어 명사 같은 것을 가리키는 말이다. 문법 용어, 명사名詞와 구별해야 한다. 따라서 엄격한 권리가 명사의 정의에서 나온다는 것은 논리적 추론과 증명의 대상이라는 것이고, 명사의 정의를 통해 명제의 참과 거짓을 판단할 수 있다는 것을 의미한다. 즉 자연법은 증명적 학문에 속한다는 것이다. 이와 유사한 견해를 이 책 "좋음과 정의의 본성에 관하여", 139쪽에서 참조할 수 있다.
14) 라이프니츠는 '만인에 대한 만인의 전쟁' 상태가 자연 상태라고 주장하는 홉스의 테제와 흐로티위스의 전쟁에서 자연적 권리 개념을 연결하여 '엄격한 권리'를 고찰한다. 그래서 흐로티위스의 책 *De jure belli ac pacis*를 우리말로 통상 『전쟁과 평화의 법』으로 번역하지만 여기서는 '전쟁과 평화의 권리'라고 번역했다.

거나 다른 사람으로부터 도망 나온 시종을 받아들이는 것이 허용되지 않는 것처럼, 다른 사람의 사물을 훼손하거나 빼앗는 것이 절대 허용되지 않는다. 따라서 누군가가 다른 사람에게 피해를 입혔다면, 그 피해가 다른 사람의 사람에 대한 것이든 사물에 대한 것이든, 그는 사물에 대해 자신이 가지고 있는 권리, 즉 전쟁의 권리Jus belli를 다른 사람에게 부여하게 된다. 또한 피해의 종류에는 다른 사람에게 정신적 피해를 일으키는, 해로운 기만도 포함된다. 이로 인해 약속을 지켜야 할 필요성이 발생한다. 이를 통해 순수한 자연법의 유일한 명령praeceptum은 바로 '누구에게도 피해를 주지 말라'Neminem laedere는 것임이 분명해진다. 그렇지 않으면 전쟁의 권리가 주어지게 된다. 여기에 교환적 정의Justitia Commutativa가 속하고, 호로티위스가 권한facultas이라고 불렀던 권리가 속한다.[15]

§ 74. 형평aequitas 혹은 평등aequalitas, 이것은 양자 또는 다자 간의 이해관계나 비례관계가 조화harmonia 혹은 균형congruentia 을 이루는 것이다. 그리고 이것은 아리스토텔레스, 호로티위스, 펠덴의 원리와 일치한다. 이 원리는 내게 피해를 입힌 사람에게 전면적인 전쟁을 선포하지 말고 피해 복구를 위해 중재자를 받아들이라고 요구한다. 그리고 당신이 원하지 않는 것을 다른 사람에게 행해서는 안 된다는 규범을 요구한다.[16] 또한 이 원리는

---

15) Hugo Grotius, *De jure belli ac pacis*, Bk. I, Ch. I, IV.
16) 라이프니츠는 황금률을 법과 도덕의 근본적인 원리로 간주한다. '당신이 원하지 않는 것은 다른 사람에게도 행하지 말라'는 것은 『성경』, 『마태복음』 7장 12절에 나온 황금률의 변형이다. 성경의 황금률은 "무엇이

경솔함이 속임수와 악의보다 더 처벌받지 않기를 요구하고, 또 교묘한 계약을 무효로 만들고, 속임을 당한 사람들이 구제받기를 요구한다. 그 밖에 형평 그 자체는 엄격한 권리를 준수하라고 명령한다. 여기에 홉스의 평화를 위한 준비가 속한다. 하지만 형평은 넓은 의미에서 오직 권리만을 준다. 즉 흐로티위스의 표현에 따르면, 형평은 한 사람에게는 자격$_{aptitudo}$을 주지만 다른 사람에게는 온전한 의무를 준다.[17] 예를 들어 교묘한 속

든 남이 너에게 해 주기를 네가 원하는 것을 그들에게도 행하라."인데, 라이프니츠의 저 황금률은 성경의 황금률의 부정형이라는 것을 주목할 필요가 있다. 즉 '당신이 원하는 것을 타인에게 행하라'는 것이 아니라 '당신이 원하지 않는 것은 타인에게도 행하지 말라'는 것이다. 이 두 원리는 차이가 있다. 전자의 황금률은 자신이 원하는 것을 타인에게 강요하는 것이 도덕적으로 정당화될 수 있다는 난점이 있다. 그에 비하면 라이프니츠의 황금률이 더 보편적 규범으로 수용될 수 있는 형태이다.

17) Hugo Grotius, *De jure belli ac pacis*, Bk. I, Ch. I, IV-VIII. 흐로티위스에 따르면, 권리가 개인과 관련될 때 어떤 것을 소유하거나 행할 수 있는 도덕적 자질이 된다. 그의 구별에 따르면 'facultas'(권한)는 도덕적 자질이 완전할 때 주어지는 법적 권리이고, 'aptitudo'(자격)는 도덕적 자질이 완전하지 않을 때 주어지는 도덕적 권리이다. 흐로티위스는 '권한'과 '자격'이라는 용어로 완전한 권리와 불완전한 권리를 구분한 것이라고 볼 수 있다. 흐로티위스가 이것을 서로 다른 두 종류로 본 것과 달리 라이프니츠는 이것이 완전성의 등급이 다른 것이라고 생각했다. 라이프니츠는 자연법의 두 번째 등급인 형평이 '누구에게도 피해를 주지 말라'는 엄격한 권리의 명령을 포함하고 있다고 말한다. 즉 자연법의 세 등급은 낮은 등급에서 높은 등급으로 상승하는 체계를 갖춘 것이다. 이 것은 라이프니츠가 신과 인간 간의 완전성을 정도의 차이로 보는 것과 같은 관점이고 정의 이론에서도 가장 낮은 등급인 교환적 정의에서 중간 등급인 분배적 정의로 그리고 또다시 가장 높은 등급인 보편적 정의

임수로 나에게서 채무를 면제받은 사람이, 그럼에도 불구하고 여전히 내게 채무가 있다는 것은 공평한 것이다. 하지만 나에게 그를 상대로 소송을 제기할 권리는 주어지지 않는다. (법률lex에 어떤 것을 추가하지 않는 한,) 소송권도 이의신청권도 어떤 청구권도 순수한 권리에서 나오지 않기 때문이다. 그럼에도 불구하고 그는 내게 채무를 갚아야 할 의무가 있다. 이로부터 '각자에게 자신의 것을 주라'Suum cuique tribuere는 명령이 도출된다. 하지만 법률Lex이나 상급자superior는 형평에서 빠져나갈 출구를 만들고, 그 때문에 때때로 소송권이나 이의신청권을 부여한다.

§ 75. 자연법의 세 번째 원리는 상급자의 의지voluntas Superioris이다. 앞서 플라톤의 책에서 트라시마코스가 말했던, 정의로운 것이란 더 힘 있는 자에게 유익한 것이라는 주장이 여기에 속한다. 상급자에도 신과 같은 자연적 상급자가 있다. 그리고 다시 신의 의지 중 일부는 자연적 의지이고 또 다른 일부는 율법Lex이다. 신의 자연적 의지에서 경건Pietas이 발생하고, 신의 율법에서 실증적 신법Jus divinum positivum[18]이 발생한다. 또

로 상승하는 체계를 말하는 것과 같은 관점이다.
18) '실증적 신법'Jus divinum positivum은 '자연적 신법'Jus divinum naturale과 대비되는 개념이다. 자연적 신법이 자연에 내재해 있고 이성을 통해 발견될 수 있다고 이해되는 것인 반면, 실증적 신법은 신의 직접적 계시에 의해 형성된 법을 의미한다. 모세의 십계명이나 산상수훈 같은 것이 그런 것이다. 라이프니츠는 세 번째 등급의 자연법을 '경건'으로 주장하고 있기 때문에, 이 실증적 신법은 자연법에는 속하지 않는다.

한 상급자도 인간과 같이 계약에 의한 상급자가 있다. 이 계약에서 시민법Jus Civile이 나온다. 그래서 경건은 자연법의 세 번째 등급이며, 다른 등급에 완전성과 효력을 제공한다. 즉 신은 모든 것을 알고 지혜롭기 때문에, 순수한 권리와 형평을 확증하고, 전능하기 때문에 이 둘을 실행한다. 따라서 인류의 유익뿐만 아니라 세상의 아름다움과 조화는 신의 의지와 일치한다. 이 원리에 따르면 동물과 피조물을 남용하는 것은 허용되지 않는다. 스포르차 팔라비치노의 고찰은 여기에 근거를 두고 있다. 이것을 토대로 자기 자신을 학대하는 것은 허용되지 않는다. 왜냐하면 우리는 자신의 전능함으로 인해 모든 것에 대한 권리 Jus in omnia를 부여받은 신에게 속해 있기 때문이다. 이로부터 '명예롭게 살아라.' Honestè vivere라는 명령이 도출된다. 엄격한 권리와 형평은 물리적으로 결합하지 않기 때문에, 신은 공적으로, 즉 인류와 세상에 유익한 모든 것이 동시에 개별 존재들에게도 유익하도록, 그래서 모든 명예로운 것이 유익한 것이 되고, 모든 추한 것들이 해로운 것이 되도록 개입한다. 왜냐하면 신이 자신의 지혜로 정의로운 것에 보상을 지정하고, 정의롭지 않은 것에 처벌을 지정해 놓았음이 분명하기 때문이다. 그리고 그가 결정한 것은 그의 전능함에 의해 완전하게 실행될 것이다. "그러므로 가장 지혜롭고 전능한 존재, 즉 신의 현존은 자연법의 최후의 토대이다. 우리가 신의 현존을 수학적 확실성을 가지고 증명하고, 이 증명이 대중들에게 공개되면, 무신론자들이 흐려 놓은 진리에 드리운 구름이 완전히 흩어질 것이다."[19]

19) 아카데미판 주석에 다음 구절이 라이프니츠가 나중에 추가로 쓴 것으로 편집되어 있는데, 이 부분은 참고할 만하다. "자연법은 궁극적 토대이면서 동시에 최고의 정점이다. 자연법에 이론 철학과 실천 철학의 최고의 원리가 혼합되어 있고, 자연법에서는 심오하고 유익한 것을 적지 않게 말할 수 있다."

세 번째 자연법을 '상급자의 의지'라고 표현한 것에서 라이프니츠가 청년기에는 주의주의적 입장이었고 후기에 플라톤적 주지주의를 선호했다고 해석하는 연구자들이 있다. 대표적으로 패트릭 라일리의 해석이 그러하다(Patrick Riley, "Leibniz: 'Méditation sur la notion commune de la justice': A Reply to Andreas Blank", *The Leibniz Review*, 15, 2005, p. 203). 크리스토퍼 존스도 이 문제를 다루었는데(Christopher Johns, *The Science of Right in Leibniz's Moral and Political Philosophy*, New York, 2013, pp. 18-19), 그의 해석은 나와 유사하다. 내가 보기에 라이프니츠는 정의와 자연법에서 신의 지성보다 의지가 우선한다는 견해를 드러낸 바 없다. 여기서도 경건의 자연법이 신의 의지에 의해 결정된다는 것이 아니라 신과 인간이 세 번째 자연법인 경건에 대해 다르게 알고 있지 않기 때문에 신의 의지와 인간의 의지는 일치한다는 것이다. 다만 신은 인간과 달리 완전한 도덕성과 실행 능력을 가지고 있을 뿐이다. 그래서 이 등급에서 신의 개입은 완전하고 무한한 지성과 능력이지 신의 의지가 아니다. "좋음과 정의의 본성에 관하여"에서 라이프니츠는 홉스와 트라시마코스 같은 정의에 관한 주의주의적 견해를 비판한다. 즉 정의와 좋음에 대한 관념은 신의 지성에 동일하게 나타나지만 신의 의지가 결정하는 것이 아니다. 이 말은 신의 지성에 있는 정의와 좋음의 관념은 인간의 지성에 있는 정의와 좋음의 관념과 동일하다는 것이다. 다시 말하면 정의가 무엇인지는 신도 바꿀 수 없다. 그리고 이 점에서 흐로티위스는 신을 배제한 자연법을 제시했다는 비판과 달리 라이프니츠와 유사한 견해를 가지고 있었다.

라이프니츠의 철학 체계에서 신은 가장 상위의 존재로 설정되어 있다. 라이프니츠에게 신은 전지omniscientia하고 전능omnipotentia한 존재이며, 온 세상을 통치하고 지배하는 존재로 설정되어 있다. 신에 의해 창조된 세계는 모든 가능한 세계 중에서 최고의 세계이자 최적의 세계이며, 이 세계는 이성적 구조를 가지고 있다. 이 이성적 구조라는 보편적 질서 때문에 인간은 이성적 추론과 증명을 통해 세계를 이해할 수 있다는 것이 라이프니츠 철학 체계의 근본 토대이다. 라이프니츠는 신과 인간 사이에는 지성적 능력에서도 완전성에서도 또 자유에서도 정도의 차이가 있을 뿐이라고 생각한다. 즉 신도 인간과 같이 사고한다. 다만 가장 완전하게 사고할 뿐이다. 그래서 신과 인간은 모두 지성적 실체이다. 그러나 신은 가장 상위의 지성적 실체이다. 라이프니츠의 자연법 철학에서 신의 역할은 지성과 능력에 있어서 인간과 달리 무한하고 완전한 실체이다. 이 지성은 무엇이 정의인지 알게 하고 그 능력은 그것을 실제로 행하는 것이다. 그래서 신이 알고 있는 정의와 인간이 알고 있는 정의가 다르지 않다.

흐로티위스의 자연법에 관한 기록[1]

휘호 흐로티위스는 자신의 책 서문[2]에서 카르네아데스[3]의 다음 주장을 인용한다. "정의는 존재하지 않거나 아니면 최고의 어리석음일 것이다. 왜냐하면 다른 사람의 편익commodum을 걱정하는 사람은 자기 자신에게 해를 끼치기 때문이다." 흐로티위스는 자신의 손해를 감수하고 다른 사람의 편익을 걱정하는 것이 어리석은 것이 아니라고 한다. 나는 의심의 여지 없이 이것이 어리석은 것이라고 생각한다. 하물며 이것이 어리석은

---

1) 이 저작의 원어는 라틴어이다. 아카데미판에서 "자연법의 원리"Elementa Juris Naturalis라는 큰 제목하에 편집된 첫 번째 저작으로 원문의 제목은 단순히 "Aufzeichnungen"(기록)으로 되어 있으나 이 번역에서는 내용을 고려해 "흐로티위스의 자연법에 관한 기록"으로 바꾸었다. 라이프니츠 저작의 아카데미판은 사후에 편집, 출판되고 있는데, 저작에 제목이 없는 경우 편집자가 임의의 제목을 붙인 경우가 많다. 특히 짧은 단편들이 그러하다. "Aufzeichnungen"이라는 제목도 아마 편집자가 붙였을 것이다. 독일어 번역으로 다음을 참고했다. *Frühe Schriften zum Naturrecht*, pp. 91-97.
2) Hugo Grotius, *De jure belli ac pacis*, Prolegomena 5. 여기뿐만 아니라 이하 구절에서도 라이프니츠는 흐로티위스의 서문을 글자 그대로 온전하게 인용하지 않았다(이하 '흐로티위스, 서문'으로 표기).
3) 카르네아데스Carneades(B.C. 214~B.C. 129): 고대 그리스 키레네 출신의 회의주의 철학자로 알려져 있다. 기원전 164년부터 기원전 137년경까지 플라톤의 아카데미를 이끌었고 스토아철학을 비판하며 회의론을 전파했다.

것이 아니라면 어리석은 것이란 절대 없을 것이라고 생각한다. 자신에게 유익한 것utilitas에 소홀한 것이 어리석은 것이 아니라면 도대체 무엇이 어리석은 것이겠는가? (자신에게 유익한 것을 모르는 사람은 자신의 유익에 소홀하다. 그리고 그런 사람은 자신에게 유익한 것을 알면서도 거래에서 활용하지 않는 사람과 마찬가지이다.)[4] 키케로는 이 유익을 명예에서 분리할 필요는 없다고 더 정직하게 말했다.[5]

휘호 흐로티위스는 서문에서 다음과 같이 썼다. 정의로운 것은 인간의 본성에 부합하는 것이고, 또한 그것에 사회의 보호가 일치한다. 그리고 그것에 주어진 특별한 도구가 언어이다.[6]

휘호 흐로티위스는 서문에서 다음과 같이 말한다. 정의로운 것은 신이 존재하지 않더라도 사회의 보존을 위해 중요할 것이다.[7] 여기서 신이 존재하지 않는데도, 일반적으로 정의로

---

4) 여기서 라이프니츠가 흐로티위스를 반대하는 입장이 분명하지 않다. 라이프니츠는 흐로티위스가 자신의 이익을 희생하는 것이 정의로운 것이라고 주장한다고 이해한 것 같다. 왜냐하면 라이프니츠는 자신의 이익을 추구하지 않는 것이 단순히 어리석은 일이 아니라 자신의 이익을 추구하지 않는 것 자체가 불가능하다고 생각하기 때문이다. 하지만 흐로티위스는 인간은 본성상 다른 사람들과 평화롭게 공존하려는 자연적 경향을 가지고 있고, 자신의 이익뿐만 아니라 타인의 이익도 추구하는 경향을 가지고 있다고 생각하기 때문에, 사실상 흐로티위스의 견해는 라이프니츠와 크게 다르지 않다. 다만 라이프니츠는 이후 "자연법의 원리"에서 이기성과 이타성이 양립 가능한 방법을 사랑이라는 정서적 개념에서 찾아 주장한 반면 흐로티위스는 이 부분을 설명하지 않았다.

5) Cicero, *De officiis*, Bk. III, 11 [『의무론』, 임성진 옮김, 아카넷, 2024, 170쪽].

6) 흐로티위스, 서문 7-9.

운 어떤 것이 존재할 것이라는 주장에 나는 동의할 수 없다.[8]

7) 호로티위스, 서문 11-12. 호로티위스는 '신이 존재하지 않더라도'라는 표현으로 신을 제거한 가설을 사용했다는 점에서 동시대 데카르트 René Descartes로부터 비판을 받았고, 라이프니츠도 이 글에서 호로티위스의 그 점을 지적하고 있다. 하지만 당시 신을 제거한 가설을 사용하는 것조차 신에게 불경한 것으로 여긴 시대적 배경과 그리스도교의 영향력 때문에 이렇게 비판하는 것일 뿐이다. 현재 호로티위스의 자연법 이론은 중세 가톨릭 전통의 자연법에서 신을 제거하는 가설을 사용해 근대적인 자연법 이론을 제시했다고 평가받기 때문이다. 호로티위스는 『전쟁과 평화의 법』에서 다음과 같이 말한다. "더욱이 자연법은 변화 불가능해서 신도 자연법을 바꿀 수 없다. 신의 힘이 측정 불가능하기는 하지만 그래도 그의 힘이 미치지 못하는 어떤 것이 있다고 말할 수 있기 때문이다. [……] 따라서 신이 2 더하기 2를 4가 되지 못하게 할 수 없는 것처럼 본질적으로 악한 것을 악하지 않은 것으로 만들 수는 없다"(Hugo Grotius, *De jure belli ac pacis*, Bk. I, Ch. 1, X, 5). 이와 관련해 호로티위스의 자연법사상을 연구한 홍기원은 그의 자연법사상이 주의주의에서 출발해 시민의 올바른 이성에 근거한 이성주의로 발전하고 있다고 보고, 다음과 같이 평가한다. "자연법은 신의 의지로부터 도출된 것이지만 이제 신에 대한 의존으로부터 자신을 해방시키게 된 것이다. 주의주의에 대전제의 자리를 내주었던 이성주의가 이제 근대 초기에 들어서 자신의 권위를 되찾아 시민사회에서는 올바른 이성으로부터 추론된 자연법이 신의 입법에 우선하거나 최소한 그와 동등한 지위에 있다고 선언하게 된 것이다"(『자연법, 이성 그리고 권리: 후고 그로티우스의 법철학』, 터닝포인트, 2022, 34-35쪽, 각주에 Knud Haakonssen, "Divine/natural law theories in ethics", in: *The Cambridge History of Seventeenth-Century Philosophy*, Vol. II, (ed.) Garber and Ayers, 1998, p. 1338 포함). 앞에 인용한 호로티위스의 생각을 보면, 신과 자연법의 관계에 대한 견해에서 호로티위스와 라이프니츠가 그리 멀리 떨어져 있는 것 같지 않다. 라이프니츠도 수학적 진리와 같은 필연적 진리는 신도 변경할 수 없다고 주장했고 정의 개념이 그런 필연적 진리라고 주장하기 때문이다. 옮긴이 해제 참조.

왜냐하면 죽음 이후에 아무런 보상이 기대되지 않는다면, 자신의 죽음을 통해 조국의 안녕을 구하는 것은 어리석은 일이기 때문이다. 이것은 곧 자신의 손해를 감수하더라도 다른 사람을 유익하게 하려는 것이기 때문이다. 특히 자신의 손해가 클 때, 그것을 잘 알면서도 그렇게 행한다면, 이것은 어리석은 짓이다. 만약 이번 생 이후에 다음 생이 없다면, 죽음은 손해 가운데서도 가장 큰 손해이다. 더욱이 다른 사람을 유익하게 하기 위해 스스로 가장 큰 손해를 감수하는 것은 어리석은 것이다. 또한 어리석은 것은 어느 것도 정의롭지 않다. 지혜가 있다고 여겨지는 사람들, 공공연하게 찬사를 받고 동상을 헌정받는 사람들이 자신의 생명을 조국에 바치는 것은 이와 아무런 관련이 없다. 신이 존재하지 않더라도 인간들이 그렇게 믿는 것, 즉 공공의 이익bonum publicum을 위해 어리석은 일을 하는 사람들이 있다고 믿는 것이 국가에는 이익이기 때문이다. 신이 존재하지 않더라도 신이 존재한다고 믿는 것이 국가에는 이익

---

8) 정의와 신을 분리할 수 없다는 라이프니츠의 견해는 정의로운 것의 타당성이나 정의로운 것에 대한 인식이 신에 의존한다는 주장이 아니다. 라이프니츠는 신의 존재를 부정하는 가설을 사용하는 것이 못마땅했을 것이다. 하지만 사실상 라이프니츠도 정의 개념이 필연적 진리라고 주장하고 자연법에 관한 학문이 경험과 사실에 의존하지 않으며, 수학, 논리학같이 이성에만 의존하는 필연적이고 증명적 학문이라고 한 점에서 앞의 주에서 인용한 흐로티위스의 견해와 크게 다르지 않다(이 책 "좋음과 정의의 본성에 관하여" 139쪽 참조). 다만 라이프니츠가 보편적 정의라고 부르는 최상위의 자연법을 위해서는 신과 신에 대한 경건이 필요하다고 주장한 점에서 흐로티위스와 다를 뿐이다.

이 되는 것과 마찬가지다.

　따라서 전해지는 이야기가 진실이라면, 왜 쿠르티우스는 그 깊은 구덩이로 자신을 던졌을까?[9] 전염병을 막기 위해서였을까? 아니면 자신의 영혼이 육신의 희생을 보상해 주는 곳으로 간다고 믿었기 때문일까? 그렇다면 그는 신중하게 행동한 것이다. (물론 그가 착각하고 행했을 수도 있지만, 피할 수 없는 일이었다. 그 행동은 신중하지 않은 것이 아니라 불행한 것일 뿐이다. 비록 신의 섭리가 누구든 신중한 사람이 불행해질 수 있다는 것을 허용할 수 있음을 부정하는 사람들이 있지만 말이다.) 아니면 몇몇 사람들이 험담한 것처럼, 그는 남아 있는 삶보다는 며칠간의 방종과 폭식을 더 선호했거나일 텐데, 이는 어리석은 짓이다. 그가 영원함에 대해 상상한 어떤 억측을 토대로 자신의 이름이 미래에 불멸할 것이라고 잘못 예측했다면, 그리고 그가 상상의 시간에 도취한 정신으로 지나치게 과장하여 그것이 마땅하다고 믿었다면, 똑같이 그것도 어리석은 행동이라고 말해야 한

---

9) 이것은 리비우스Titus Livius(B.C. 59~17)의 『로마건국사』(*Ab urbe condita*, VII, 6)에 등장하는 고대 로마의 광장 포룸 로마눔Forum Romanum에 있는 구덩이 라쿠스 쿠르티우스Lacus Curtius에 관해 전해 오는 이야기를 말한다. 리비우스에 따르면 기원전 4세기 무렵 포룸 로마눔에 땅이 꺼지면서 깊은 구멍이 생겼는데, 신의 경고는 로마 시민의 가장 큰 힘을 그 구멍에 바쳐야 한다는 것이었다. 이에 뛰어난 전쟁 업적을 가진 로마 청년 마르쿠스 쿠르티우스Marcus Curius가 무장한 채 말을 타고 그 구덩이로 뛰어들어 자신을 바치자 구멍이 메워지고 그 자리에 호수가 생겼다고 한다. 그 이후 로마 사람들은 그 호수를 쿠르티우스의 이름을 따서 '라쿠스 쿠르티우스'라고 불렀다고 한다.

다. 현재의 이익이 없으면, 미래의 영광도 사라지기 때문이다. 그리고 만약 아킬레우스Achilleus가 호메로스나 호메로스 같은 찬양가를 꿈에서조차 생각해 본 적이 없다고 가정해 보자. 그러면 그는 죽은 후에 호메로스로부터 찬양을 받더라도, 그는 전혀 행복하지 않았으리라는 것은 확실하다. 죽은 후에도 그에게 호메로스의 찬양을 감지할 수 있는 어떤 감각기관이 남아 있지 않다면 말이다. 그리고 바니니는 극악무도한 사람이지만 최악의 가설로부터 올바르게 추론했다.[10] 그는 칭찬을 받을 만한 경우에 자신에 대한 칭찬이 나폴리 사람인 자신에 대한 것이 아니라 다른 사람, 즉 같은 이름을 가진 시칠리아 사람 율리우스 세자르 바니니에 대한 칭찬이라고 여긴다. 다시 한번 말하자면, 자신이 결여하고 있는 이익을 우연한 상상력으로 보충할 수 있는 사람은 어리석기는 하지만 행복하다는 것을 나는 인정한다 (만약 그가 의도적으로 그렇게 할 수 있다면, 그보다 더 현명하고 더 교묘한 것은 없기 때문이다). "이런 사람은 자신의 실수로 행복해진다."[11] 토머스 홉스가 시민에 관한 책에서 주장한 것처럼, 신이 존재하지 않는다고 상상하면, 정의로운 것justum은 더 이상

---

10) Lucilio Vanini, *De admirandis naturae reginae deaeque mortalium arcanis libri IV*, Paris, 1616. 루칠리오 바니니(1585~1619): 이탈리아의 철학자, 신학자. 자연주의적 범신론을 주장했고, 신성모독과 무신론 혐의로 화형 당했다. 그는 자신의 작품에서 자신을 '율리우스 세자르 바니니'라는 이름으로 불렀다. 라이프니츠가 여기서 최악의 가설이라고 칭한 것은 바니니가 신과 불멸성을 거부한 것을 가리킨다.

11) "Felices errore suo.": Lukan, *Pharsalia (Bellum civile)*, I, v. 459.

없을 것이다.[12] 가장 정확한 사람인 콘링Hermann Conring[13]도 이와 같은 것을 훌륭하게 고찰했다.

호로티위스는 다음과 같이 썼다. "만약 참된 정의의 사제들이 자유의지에서 발생하는 부분을 제외하고 자연적 법학과 영구적 법학의 일부를 다루는 일을 맡는다면, 하나는 법률에 관한 것이고, 다른 하나는 세금에 관한 것이고, 또 다른 하나는 판사직에 관한 것이고, 또 하나는 의도의 추측에 관한 것이며, 또 하나는 사실관계 입증에 관한 것을 다루는 것이다. 이렇게 수집된 모든 부분으로 최종적으로 하나의 대법전corpus이 만들어질 수 있다. 우리는 법학의 가장 숭고한 부분을 담고 있는 이 작품에서 말을 통해서라기보다는 사안 자체를 통해서 우리가 확실하다고 평가하는 길을 보여 주었다."[14] 호로티위스에게서 주목할 만한 부분은 이 구절이다. 호로티위스가 우리에게 (보편적) 자연법과 만민법의 기초를 제공했다고 찬사를 보낸 찬사가들의 찬사를 그는 칭찬받을 만한 겸손으로 과도하다고 거부한다. 왜냐하면 그는 많은 것들을 전쟁법의 재료가 될 수 있을 정도까지만 대략적으로 건드렸기 때문이다. 이는 마치 판결에 대해 글을 쓰는 사람들이 재판 과정을 대략적으로 설명

---

12) Thomas Hobbes, *De Cive*, Ch. 15, Ch. 17[『시민론: 정부와 사회에 관한 철학적 기초』, 이준호 옮김, 서광사, 2013, 15, 17장].

13) 헤르만 콘링(1606~81): 근대 독일의 철학자, 법학자. 라이프니츠는 청년기에 여러 차례 서신을 교환하며 그에게 학문적 조언을 구했고, 콘링도 라이프니츠의 법학적 관심과 철학적 재능을 높이 평가했다.

14) 호로티위스, 서문 31.

하면서 법학 전체를 총망라하여 집필했다고 주장하는 것과 마찬가지이다.

나는 호로티위스가 서문에서 매우 훌륭한 책인 에로디우스의 법전[15]을 전혀 언급하지 않은 것에 놀랐다. 그가 그 책을 잘 알고 있었을지도 모르고, 또 그 책의 유용함을 알고 있었을지도 모르지만, 악의적으로 지나치는 것보다는 모르는 것이 더 나았다.

법학자 플로렌티누스Florentinus[16]는 정의와 법에 관해 쓴 부분[17]에서 다음과 같이 말했다. "자연이 우리를 친족 관계로 만들었다는 것으로부터 한 인간이 다른 인간을 뒤에 놓는 것은 무도하다는 것이 따라 나온다."[18] '친족 관계'는 두 가지 뜻을 가진 말이다. 하나는 유사성이라는 뜻이고, 다른 하나는 공통의 유래라는 뜻이다. 이 두 의미는 한 사람이 다른 사람에게 가하

---

15) Petrus Aerodius(Pierre Ayrault, 1536~1601), *Rerum ab omni antiquitate judicatarum pandectae*, Paris, 1588.
16) 플로렌티누스는 로마의 법학자로 유스티니아누스 1세Justinianus I가 명해 만들어진 『로마법대전』의 집필에 참여한 학자 중 한 명이다.
17) *Corpus Juris Civilis*, Digesta, I, 1(De Justitia et jure), 3, l. *Corpus Juris Civilis*: 동로마제국의 황제, 유스티니아누스 1세의 명령으로 529년부터 534년까지 편찬된 법전으로 정식 명칭은 '시민법대전'이며 또는 '로마법대전'이나 황제의 이름에 따라 '유스티니아누스법전'으로 불리기도 한다. 『학설휘찬』*Digesta*은 2000여 권의 법률서를 50권으로 요약한 것이다. 그리스어로 『법학대전』*Pandectae*이라고 쓰기도 한다.
18) 아마도 라이프니츠는 이 구절을 호로티위스의 책 서문 14에서 가져왔을 것이다.

는 힘을 억제하도록 해 준다. 유사성은 다른 사람의 고통에 대한 상상을 우리 자신의 고통과 연결함으로써 비슷한 사람과 함께 고통을 느끼게 만들고, 공통의 유래는 유사성을 더욱 증대하는 정체성에 관한 더 유연한 감정을 포함한다.

호로티위스의 견해를 반대하는 홉스는 법이 지혜로운 사람들이나 다수의 사람들이 만족하는 모든 것이라는 견해를 반대한다.[19] 그렇다. 하지만 법의 추정이 생긴다.[20] 더 지혜로운 사람이라는 것을 누가 판단할 수 있는가? 사실 이것을 분별하는 것은 어렵지 않다. 아르키메데스Archimedes가 모든 것을 스스로 계산할 수 있기 때문에, 기하학자들이 그의 권위에 따라 움직이는 것과 같이 법의 문제에서 지혜로운 사람이 다른 사람의 의견을 더 많이 고려할 필요가 없다는 것을 인정한다. 그렇지만 다른 사람의 권위도 우리가 미리 작업을 준비하고, 증명할 자료를 미리 준비하도록 하는 쓸모는 있다.

---

19) Thomas Hobbes, *De Cive*, Ch. 2, 1 [『시민론: 정부와 사회에 관한 철학적 기초』, 이준호 옮김, 서광사, 2013, 49-51쪽].

20) 법의 추정praesumptio juris은 로마법에서 증명이나 증거가 부재하여 추측을 통해 가정하는 방법을 말한다. 그런 한에서 그런 법은 반대 증명이 없어서 가설적 효력만을 갖게 된다.

자연법의 원리[1]

 인류의 행복이, 할 수 있는 한, 원하는 것을 할 수 있고, 상황에 따라 무엇을 원하는지 아는 데 있다는 것은 분명하다. 이 두 가지 요소 중 전자에는 거의 도달했다. 하지만 후자에서 인류 자신이 가진 것보다 능력이 없는 것이 아닌 한, 부족하다. 사실 인류의 능력이 이 시대에 엄청나게 많이 증대되었다는 것은 확실하다. 우리 세계의 두 요소 중 하나는 거의 정복되었고, 다른 하나는 전자의 욕심에서 되찾아졌다. 즉 바다는 이동 가능한 다리로 연결되었고, 거대한 균열로 갈라진 육지는 다시 결합되었다.[2] 하늘 자체는 더 이상 우리를 속일 수 없으며, 별들이 모습을 감추더라도, 우리는 변형된 작은 유리 조각으로 우리의 눈을 보완할 수 있다.[3] 같은 하늘이 우리에게 더 가까이

---

[1] 이 저작의 원어는 라틴어이다. 아카데미판에서 "자연법의 원리"Elementa Juris Naturalis라는 큰 제목하에 편집된 여러 저작들 중 네 번째 저작이고, 처음으로 온전한 형태로 "자연법의 원리"라는 제목으로 편집된 작품이며, 후기 저작에서 나타나는 정의에 대한 정의와 자연법 철학의 주요 내용들이 정립된 작품이다. 일련의 저작들 가운데 가장 완성된 내용을 담고 있다. 이 저작은 영어, 프랑스어, 독일어 번역이 나와 있다. 각각 다음의 책을 참고했다. *Philosophical Papers and Letters*, pp. 131-137. *Le Droit de la Raison*, pp. 90-105. *Frühe Schriften zum Naturrecht*, pp. 215-243.

[2] Francis Bacon, *Novum Organum*, I, 84, 129 참조.

[3] 갈릴레이가 망원경을 이용해 천체를 관측한 것을 가리킨다. Galilei, *Si-*

다가오고, 우리의 배가된 시력이 사물의 내부로 들어가고, 세계의 얼굴은 백배로 확대된다. 이제 곧 새로운 천체가 나타나고, 금방 또 새로운 종들이 나타난다. 전자는 그 광대함으로 인해 후자는 그 미세함으로 인해 똑같이 경탄할 만하다.[4] 장소뿐만 아니라 시간에서도 멀리 떨어져 있는 것들을 볼 수 있게 하는 다른 종류의 망원경이 우리에게 없는 것도 아니다. 이는 역사에 빛을 비추어 우리가 항상 살아 본 것처럼 볼 수 있도록 우리를 이끌었다. 비록 종이로 만들어졌지만 그 어떤 청동보다 오래가는 새로운 종류의 기념비가 세워졌다.[5] 이 덕분에 야만적이고 전제적인 시대의 모든 부정injuria을 넘어 언제나 위대한 재능ingenium이 생존하는 것, 그리고 그 이름에 의해 상상되는 영원성으로부터 하늘의 불멸성을 예견하는 것이 가능해졌다. 따라서 우리는 시대를 책으로 알게 되었고, 하늘은 망원경

---

dereus Nuncius, 1610.
4) 갈릴레이의 망원경을 이용한 관측에 이어 1658년 얀 스바메르담Jan Swammerdam, 그리고 1661년 마르첼로 말피기Marcello Malphigi 등이 현미경을 사용해 미생물을 관찰한 것을 가리킨다. 청년기 라이프니츠는 로버트 후크Robert Hooke의 책, *Micrographia: or some physiological descriptions of minute bodies*(London, 1665)에서 본 당시의 과학적 탐구 방법인 관찰과 사고를 지지했다.
5) 1440년 이후 구텐베르크Johannes Gutenberg의 인쇄술에 의해 서적의 출판이 확산되었고 역사적으로 위대한 인물들의 유산을 보존하고 보급하는 데 기여한 것을 기념비라고 표현한 것이다. 특히 '기념비'라는 표현은 고대 로마의 시인, 퀸투스 호라티우스 플라쿠스Quintus Horatius Flaccus (B.C. 65~B.C. 8)의 시구 "청동보다 오래가는 기념비"monumentum aere perennius에서 가져온 것이다. *Oden*, III, 30 참조.

으로, 땅은 여행으로, 바다는 배로 알게 되었고, 나머지 다른 요소들도 이 사례를 따르고 있다. 그리고 공기는 이제, 나머지 다른 것들이 자신의 능력을 고집스럽게 부인할 경우, 이미 불이 신의 설명할 수 없는 은총을 통해 그것들을 찬양받을 만한 방식으로 고통을 주기로 공모한 후, 영원토록 감추어 두었던 자신의 비밀을 처음으로 열어 놓는다. 인간의 광기가 맞서 저항하지 않는 한, 어떤 힘도 필적할 수 없는 번개를 우리에게 주었다.

우리가 세계를 정복한 후에도 우리 내부에 아직 적이 남아 있다는 것은 확실하다. 그리고 모든 것이 순응하는데, 오직 인간만이 인간에게, 신체는 영혼에게, 영혼은 자기 자신에게 적이 된다. 즉 비장한 말투는 내려놓고 일상적인 말로 말하면, 우리는 신체 의학과 정신 의학에 대해 무지하다.[6] 우리는 신체 의학을 마치 사업 관리인이 이익을 위해 사업을 다루는 것처럼 대하고, 정신 의학을 어린아이가 아무 흥미 없는 공부를 다루는 것처럼 대한다. 왜냐하면 그는 다 잊어버리려고 배우기 때문이다. 따라서 지금까지 즐거운 것에 대한 학문 jucundi scientia 뿐

---

[6] 라이프니츠는 자신의 자연법 이론을 신체 의학을 보완하는 영혼 의학 혹은 정신 의학의 전통에 위치시킨다. 이런 경향은 플라톤과 에피쿠로스의 사상을 이어받아 키케로(Ciero, *Tusculane*, III, 1) 이후 확산되었다. 이 전통의 추종자들은 논리학을 정신의 치료제로 여기는데, 라이프니츠는 그와 달리 공공의 이익을 위한 조건에 관한 학문을 정신의 치료제로 생각했고, 자연법 철학과 윤리학이 어느 정도는 각 개인이 정치적 공동체의 일원으로 올바르게 연결되는 방법에 관한 이론이라고 이해했다.

만 아니라 유익한 것에 대한 학문utilis scientia도 정의로운 것에 대한 학문justi scientia도 정립하지 못했다는 것은 놀라운 일이 아니다. 즐거운 것에 대한 학문은 의학이고, 유익한 것에 대한 학문은 정치학, 정의로운 것에 대한 학문은 윤리학이다. 의학은 우리 몸의 구조 그리고 각 부위의 위치와 운동을 탐구해야 하고, 쾌락voluptas을 유지하고 만들어 내기 위해 쾌락의 원인을 탐구해야 한다. 또한 의학은 쾌락에 반대인 고통을 없애고 피하기 위해 고통의 원인도 탐구해야 한다. 이를 위해 의학은 화학과 식물학의 도움 못지않게 기호학과 광학, 음악에서 도움을 받아야 하고, 향수 전문가와 음식 전문가에게서 적지 않은 도움을 받아야 한다. 그리고 우리는 믿을 수 없을 정도로 많은 탁월한 실험 결과들을 소유하고 있다. 하지만 그것들은 아직 원시적이고 무질서한 상태이고, 거의 운이 없으면 사용하기 어려운 것들이다. 우리 행복의 확립을 또 다른 시대로 연기해야 한다면, 정말 무엇을 위해 그렇게 큰 노력을 들여 그 많은 재료들을 모아 준비했는가? 자기 자신을 감추고 있는 자연의 이 완강함에 맞서 우리는 왜 힘을 합쳐 공격하려고 하지 않는가?[7] 말하자면, 자연과학의 불완전함을 공공의 잘못으로 돌리려는 것이 아니라면, 왜 공격하지 않는가? 왜냐하면 모두가 원할 때, 그리고 만인이 원하는 것을 각자가 원할 때, 모두가 힘을 합쳐 공

---

7) 이 부분은 베이컨의 철학에서 가져온 것으로 보인다. 베이컨은 자연을 탐구하기 위해 실험과 관찰의 경험적 방법과 귀납 추론을 통한 과학적 발견을 주장했는데, 과학적 탐구의 대상인 자연은 스스로를 완고하게 감추고 있다고 표현했다. 앞의 주, Francis Bacon, *Novum Organum* 참조.

격할 수 있었기 때문이다. 그리고 나머지 다른 사람들을 본보기로 삼아 대부분의 인간을 행복하게 만들고 그들에게 속해 있는 자신들도 행복하게 만드는 것을 자신들의 손에 쥐고 있던 사람들도 곧바로 각자가 원하고 할 수 있는 일을 하지 않았고, 정치의 참된 비밀[8]에 따라 문제의 공격에 착수하지 않았다. 문제를 제대로 평가하는 사람들은 정의로운 것에 대한 지식과 유익한 것에 대한 지식, 즉 공적 이익에 대한 지식과 사적 이익에 대한 지식이 서로 연결되어 있다는 것, 그리고 불행한 사람들 가운데 누구도 쉽게 행복해질 수 없다는 것을 알기 때문이다. 지금까지 우리는 이것을 모르고 있었다. 즉 우리가 형평aequus과 좋음의 참된 원천에서 물을 긷지 못했고, 마시지 못했다는 것 말이다. 우리가 반성적 사고를 하지 못하고, 소위 말하는 정신 집중을 하지 못하면, 우리는 수천 번 읽고 들었던 것, 심지어 수천 번 생각했던 것도 모를 수 있기 때문이다. 왜냐하면 우리는 우리가 알고 있다는 것을 알고 있는 것은 이용하려고 하지만 우리가 알고 있다는 것을 모르고 있는 것은 우리가 실제로 모르는 것이기 때문이다.[9]

---

[8] '정치의 참된 비밀'vera Politicae arcana이라는 표현은 17세기 초에 정치 이론에서 나타난 국가이성을 관철시키기 위해 사용하는 비밀 도구를 언급하는 것이다. 라이프니츠는 이것을 알트도르프의 법학자, 아놀두스 클랍마리우스(1574~1604)의 책에서 가져온 것이다. 그는 마키아벨리의 정치 철학에서 영향을 받아 국정 운영에 관한 저작을 남겼다. Arnoldus Clapmarius, *De arcanis rerum politicarum libri sex*, Bremen, 1605.

[9] 베이컨, 데카르트와 마찬가지로 라이프니츠는 알고 있는 것에 대한 앎, 즉 반성적 지식이 특정한 지식에 대한 통제력을 갖고 그 지식을 이용할

우리가 주목하는 것은 두 가지, 즉 웅변eloquentia과 증명demonstratio이다. 전자는 감정을 자극하고, 때로는 말하자면 피가 끓어오르게 만드는 것이다. 그리고 후자는 정신이 명확하게 이해하도록 만든다. 그래서 전자는 증명의 옷을 입지 않으면 곧 사라지게 되며, 결국 무분별한 충동에 동요된 일반 대중의 공허한 황홀경과 다를 바 없게 된다. 후자는 소수이지만 뛰어난 사람들에게 주어지며, 또한 그들에게서만 개선을 기대할 수 있다. 더욱이 위대한 재능을 가진 모든 사람이 확실한 진리의 양분을 향한 어떤 강렬한 욕망에 이끌리는 이 시대에는 특히 그렇다. 우리가 그들을 만족시키고, 그들 자신의 생각들을 상기시킨다면, 그리고 우리가 진리를 확고한 토대 위에 자리하게 한다면, 아마도 우리는 웅변의 손실을 보충할 수 있을 것이다. 이 주제의 유익함 전체에 대해 우리는 다른 곳에서 평범하지 않은 방식으로 다루었다.[10] 지금은 이 학문의 씨앗을 뿌리는 것으로 충분하다. 이 학문은 각 개인이 만인에게 이익을 양보함으로써, 반성을 통해 증대되는 행복이 자기 자신에게도 이르기를 원할 때, 어디까지 이익을 양보해야 하는지 보여 준다. 이것을 보여

수 있다는 것을 나타내는 특징이라고 본다.
10) 라이프니츠가 언급하는 것은 두 종류의 철학적 방법, 즉 논증과 수사 혹은 명석함과 우아함에 관한 것이다. 라이프니츠는 이탈리아의 철학자, 마리오 니쫄리오Mario Nizolio(1498~1576)의 책, *De veris principiis et vera ratione philosophandi contra pseudophilosophos*가 1670년에 새로 출판될 때, 자신이 쓴 서문에서 이것에 대해 논했다. 이 서문은 A VI, 2, 398-476에서 볼 수 있다.

주는 것이, 곧 [자연]법과 형평의 원리Juris et Aequi Elementa를 가르치는 것이다. 우리는 이제 하늘의 좋은 징조 아래에서 이것을 시작하려고 한다.

1. [자연]법 이론Doctrina juris[11]은 경험이 아니라 정의definitio에 의존하며, 감각적 증명이 아니라 이성적 증명에 의존하는 것으로 간주된다. 말하자면 이것은 사실에 관한 것이 아니라 정당함jus에 관한 것이다. 왜냐하면 정의Justitia는 어떤 특정한 일치 관계congruitas와 비례관계proportionalitas로 이루어지기 때문에, 정의를 행하는 사람이 없을 때도, 그리고 어떤 사람에게 정의가 행해지지 않을 때도, 우리는 어떤 것이 정의로운 것인지 알 수 있기 때문이다. 이것은 아무도 수를 세고 있지 않아도, 그리고 셀 수 있는 것이 없을 때도 수들 간의 관계가 참인 것과 같다. 그리고 우리는 한 건물, 한 기계, 한 공화국이 미래에 존재할 것이라는 가정하에, 혹은 이것들이 실제로 미래에 존재하지 않더라도, 그 건물이 아름다운지, 그 기계가 잘 작동하는지, 그 공화국이 행복한지에 대해 판단할 수 있다. 따라서 이 학문의 근본 명제들decreta이 영원한 진리에 속한다는 것이 놀라운 것은 아니다. 왜냐하면 이 근본 명제들은 모두 파생 명제들의

[11] 여기서 'jus'를 '자연법'으로 번역했는데, 라이프니츠가 'jus'와 'lex'를 구별하는 것을 적극적으로 반영하고 이 저작의 제목을 적극 반영한 번역이다. 이것을 맥락상 '정의'라고 읽어도 좋을 듯하고 '정당함에 관한 이론'으로 이해해도 무방하다. 라이프니츠에게 자연법 이론이 곧 정의 이론이기 때문이다.

필요조건들conditionalia이고, 현존하는 것을 나타내는 것이 아니라 현존을 가정했을 때 결과적으로 따라 나오는 것을 나타내기 때문이다.[12] 그리고 이 근본 명제들은 감각에서 나오는 것이 아니라 플라톤이 '이데아'라고 불렀던 명확하고 구별되는 관념imaginatio에서 나오는 것이다. 그리고 그 명제들을 말로 표현하면, 정의定義와 같은 것이 된다. 또한 명확하게 이해될 수 있는 모든 것이 항상 확실하게 참은 아니다. 그렇지만 그것의 참이 가능하기는 하다. 그리고 그것들이 단지 가능성과 관련된 문제일 경우에는 물론 항상 참이다. 또한 문제가 필연성과 관련되어 있을 경우, 그 문제는 항상 가능성에 관한 문제이다. 왜냐하면 어떤 것이 필연적이라고 말할 때는 그 반대의 가능성이 부정되기 때문이다. 따라서 사물들의 필연적 연결과 추론은 그것들의 명확하고 구별되는 관념으로부터, 즉 이것을 말로 표현하면, 정의定義로부터 서로를 함축하는 정의의 연속적 잇따름 continuatus series을 통해, 말하자면 증명을 통해 연역되는 방식으로 증명된다. 그러므로 [자연]법 이론은 학문이고, 이 학문의 근거는 증명이며, 증명의 원리는 정의定義이다.[13] 따라서 우리는

---

[12] 앞서 나온 일치성과 비례성 같은 수학적 개념에서도 알 수 있듯이 이 부분에서 라이프니츠는 자연법 이론을 마치 수학과 같이 증명 가능한 학문으로 여긴다는 것을 알 수 있다. 이것을 자연법에 적용하면 다음과 같은 방식으로 나타난다. 먼저 징의에 대한 어떤 정의定義가 주어지면, 그 정의定義는 어떤 관념을 표현한다. 예를 들어 한 국가의 법이 그 알려진 정의定義 혹은 이 정의가 표현하는 관념과 일치하면, 그 법은 정의로운 것이 된다. 즉 정의에 대한 참된 정의는 정의의 기준 혹은 필요조건의 역할을 한다.

다른 어떤 것들보다 먼저 'jus'(권리, 자연법, 정당함), 'justum'(정의로운 것), 'justitia'(정의)라는 말의 정의, 즉 이 말들에 대한 명확한 관념을 탐구해야 한다. 우리가 명제들의 진릿값에 대해 말할 때, 우리가 그 진릿값을 알지 못하더라도, 우리는 그 말들의 정의와 명확한 관념에 따라 진릿값을 판단하게 된다. 이것이 바로 말의 유용성이다.

2. 이 탐구의 방법은, 우리의 언어 사용에서 더 두드러지게 사용되고, 가장 널리 알려진 사례들을 모아서 그 사례들뿐만 아니라 나머지 다른 사례들과도 일치하는 어떤 의미를 만들어 내는 것이다. 사실 우리는 귀납적 방법을 통해 경험으로부터 하나의 가설을 세우는 것처럼, 명제들을 모아서 하나의 정의를 마련한다. 그리고 이 두 가지 방법으로 우리는 최대한의 사전 조사를 통해 아직 조사되지 않은 것들을 조사하는 데 소용되는 시간과 노력을 절약할 수 있다. 이 방법은 말의 사용이 그 자체로 임의적이라서 결정하는 것이 바람직하지 않은 모든 경우

---

13) 정의 이론 혹은 도덕철학이 이성적 추론, 정의와 증명으로 확립해야 하는 학문이라는 라이프니츠의 견해는 그의 철학 전반에서 확인할 수 있는 확고한 견해이다. 그래서 라이프니츠가 청년기에 쓴 저작뿐만 아니라 후기 저작에서도 같은 견해를 확인할 수 있다. 대표적으로 로크John Locke의 『인간지성론』에 대한 대응으로 쓴 『신인간지성론』에서도 이 견해는 여러 곳에서 확인할 수 있다. 그리고 로크 또한 자신의 책에서 도덕이 증명적 학문이라는 견해를 밝혔다. 라이프니츠, 『신인간지성론 1』, 이상명 옮김, 아카넷, 2020, 1부 2장 § 1, 86-87쪽; 『신인간지성론 2』, 이상명 옮김, 아카넷, 2020, 3부 11장, § 16, 146-147쪽 참조.

에 필요하다. 왜냐하면 우리 자신과 우리가 가진 것을 위해 변론하거나 확실하게 알려지지 않은 것에 대해 말할 때마다 우리는 보통 기억을 일깨우는 데 적합한 어떤 특정한 관념을 한 단어와 연결할 수 있기 때문이다. 이렇게 하면 우리는 정의를 계속해서 반복할 필요가 없고, 다른 열 가지 단어들을 계속해서 반복해 말할 필요가 없다. 하지만 우리가 대중을 위해 글을 쓸 때, 혹은 사람들의 입에 흔히 오르내리는 일에 대해, 즉 우리가 어휘 부족으로 고생하지 않은 일에 대해 글을 쓸 때는 이해하지 못할 사람들의 어리석음이 나타나거나 기만하려는 사람들의 악의, 혹은 근거 없이 다른 사람들을 자신의 생각으로 이끌려고 하는 사람들의 오만함이 나타난다. 이때 사람들은 자신의 말을 자신의 고유한 용법으로 고안해 낸다. 이것에 대해 나는 니촐리오의 책 서문에서 자세하게 다루었다.[14]

3. 그런데 우선 정당함$_{jus}$의 문제에는 우리 자신의 이익뿐만 아니라 다른 사람의 이익도 함께 관련된다.[15] 우리 자신의 이

---

14) 앞의 주 10에 제시된 니촐리오의 책이다.
15) 라이프니츠는 이전 단편에서도 정의正義 개념을 정의定義할 때, 이와 같이 자신의 이익과 다른 사람의 이익을 함께 고려해야 하고, 이때 그 비율 관계를 판단하는 것이 현명함이라고 언급한다. "자연법의 원리" 중 두 번째 저작으로 "Untersuchungen"(연구)이라는 제목으로 편집된 단편에서 라이프니츠는 다음과 같이 썼다.

정의는 우리가 현명하고 능력 있는 다른 사람들의 눈으로 우리 자신의 이익과 손해를 바라보면서 다른 사람의 이익과 손해를 처리하는 현명함이다. 혹은 정의는 다른 사람들이 우리에 대해 그들의 능력을

익과 관련된 경우, 모든 사람들은 자신의 안녕을 확보하기 위해 필요에 따라 행한 것은 정의로운 행위로 보인다는 것을 한목소리로 인정한다. 그다음으로, 감히 정의를 현명함과 분리시키는 사람들은 없다. 왜냐하면 정의는 모든 사람의 동의에 의해 일종의 덕이 되고, 모든 덕은 감정의 억제이며, 그래서 올바른 이성ratio recta의 명령을 거스를 수 있는 덕은 있을 수 없기 때문이다. 그리고 행동과 관련이 있는 올바른 이성은 현명함prudentia과 동일하다. 따라서 현명함이 없는 정의는 있을 수 없다. 그 밖에도, 현명함은 자기의 이익과 분리될 수 없으며, 이것에 반대하는 사람들의 주장은 공허하고, 이것을 주장하는 사람들의 실제 행동 자체에 반하는 것이다. 자신의 이익을 위한 것

> 사용할 때 다른 사람들의 현명함을 고려하면서 우리의 능력을 다른 사람에 대해 사용하는 현명함이다. 정의는 지혜로운 자들과 능력 있는 자들의 마음에 드는 현명함이다. 정의는 보상과 처벌 때문에 도움을 주고 피해를 입히는 현명함이다(Untersuchungen(1669-1670): A VI, 1, 453).

> 현명함은 이익 혹은 손해와 관련된 판단력이다. [······] 정의는 현명함의 관점에서 정의되어야 한다. 만일 신이 존재하지 않는다고 가정했을 때, 그것은 너무 모호하지 않은가? 정의正義가 현명함의 관점에서 정의되었을 때, 정의로운 것은 처벌받지 않으리라고 기대할 수 있는 모든 것일 것이다. 만약 정의를 현명함의 관점에서 정의하지 않는다면, 과연 어떤 관점에서 정의해야 하는가? 공공의 이익의 관점에서 정의해야 하는가? 그렇다면 수천의 다른 사람들이 아니라 자신을 구하는 것은 정당하지 않은 것이 될 것이다. [······] 정의는 자신의 행복을 지키면서 공통의 행복을 추구하려는 지속적인 노력이다(같은 곳, 454).

이 아닌데도 어떤 것을 일부러 행하는 사람은 없다. 왜냐하면 우리는 우리가 사랑하는 사람들의 행복으로부터 얻는 우리의 기쁨delectatio을 위해 그들의 이익을 추구하기 때문이다. 즉 사랑한다는 것은 다른 사람의 행복을 기뻐하는 것이다. 우리는 다른 무엇보다 신을 사랑한다. 가장 아름다운 존재에 대한 관조를 통해 얻는 쾌락voluptas이 생각할 수 있는 그 어떤 쾌락보다 크기 때문이다. 우리가 문제의 본질을 고찰해 보면, 이로부터 자신에게 해로운 것을 의무로 가질 수 있는 사람은 있을 수 없다는 것이 따라 나온다. 그리고 여기에 추가할 것은, 어느 누구도 자신의 이익이 아닌 것을 의무로 가질 수 없다는 것이다. 왜냐하면 정의는 현명한 인간이 설득될 수 있는 어떤 것이고, 현명한 인간은 청중의 유익함을 위해서 구해 온 근거가 아니면 어떤 근거에 의해서도 설득되지 않기 때문이다. 따라서 모든 의무가 유익하다는 것은 필연적이다.[16] 이로써 우리는 다음 두 명제를 얻는다. 첫째, 모든 필연적인 것은 정의로운 것이다 omne necessarium justum est. 둘째, 모든 의무는 유익한 것이다 omne debitum utile est. 혹은 모든 부정의는 해로운 것이다. 이 두 명제는 이 말을 사용하는 사람들의 일반적 동의에서 도출한 것이다. 이제는 정의에서 다른 사람들의 이익을 얼마만큼 고려해야 하는지 검토하는 것이 남았다.

---

[16] 여기서 필연성은 논리적 필연성이 아니라 도덕적 필연성을 의미한다. 말하자면 어떤 행위가 정의로운 것이면, 현명한 인간은 그것을 도덕적 의무로 행할 것이다. 그래서 라이프니츠는 규범 논리학적 정의에서 의무를 도덕적 필연성이라고 정의했다.

4. 제일 먼저, 모든 사람들은 다음의 경우에 자신에게 부정의한 일injuria이 발생했다고 심지어 자연권이 침해당했다고 호소한다. 누군가 다른 사람에게 불행malum을 가져다주는 어떤 일을, 그것이 자신에게 어떤 편익이 없는데도 하려고 할 때, 누군가 자신에게 무해하지만 다른 사람에게 유익한 일을 거부할 때, 누군가 자신에게 손실 없이 어떤 사람을 구할 수 있는데도 그가 멸망하는 것을 선택할 때, 또한 누군가 전체의 이익과 상관이 없는데도 자기의 편익을 다른 사람들의 불행이나 행복보다 더 중히 여길 때, 누군가 자신의 잔학한 눈으로 죽음을 즐길 때, 누군가 살인과 고문을 통해 돈을 벌려고 할 때, 누군가 자신의 잔이 깨지는 것보다는 차라리 자신의 노예가 죽는 것을 선택할 때. 그리고 다른 사람의 손해로부터 이득을 취하는 것을 승인하는 사람은 없다. 그리고 끝으로, 두 사람이 동일한 불운에 부딪히고, 둘 중 한 사람이 자기만 손해를 입지 않기를 바랄 때, 이것은 또 다른 분쟁의 원인이 된다. 왜냐하면 똑같은 사건에는 똑같은 권리가 적용되는 것이 공평하기 때문이다. 이 모든 경우에서 인간들은 행위뿐만 아니라 의도까지도 비난한다. 이로부터 다음의 명제가 나온다. 첫째, 자신의 이익을 위한 것이 아닐 때, 다른 사람에게 피해를 주려고 하는 것은 부정의하다. 둘째, 필요치도 않은데 다른 사람의 멸망의 원인이 되려고 하는 것은 부정의하다. 셋째, 자신의 이득을 위해 다른 사람에게 손해를 끼치려고 하는 것은 부정의하다. 넷째, 공동의 손해를 감수하지 않으려고 하는 것은 부정의하다.

5. 따라서 정의로운 것justum이 자신의 이익과 다른 사람의

이익에 대한 계산을 포함한다는 것은 전체적으로 보아 확실하기 때문에, 우리는 하나씩 하나씩 정의를 시도해 보려고 한다.[17] 혹시 정의로운 것을 누구에게도 손해가 되지 않는 것을 원하는 것으로 정의할 수 있을까? 하지만 그러면 다른 사람의 손해를 피하는 것보다 자신의 손해를 피하는 것을 더 우선시하는 것은 정의롭지 않은 것이 될 것이다. 그렇다면 자신의 손해를 피하기 위해 행한 것은 그야말로 정의로운 것일까? 하지만 그렇다면 자신의 잔이 깨지게 하는 것보다 노예가 죽도록 하는 것을 선택하는 것이 정의로운 것이 될 것이다. 혹시 그것이 자신의 필요에 의해 일어난 일일지라도, 다른 사람의 이득보다 자기의 이득을 더 우선시하는 것은 허용되지 않을 것이다.[18] 그러면 혹시 공공에 무해한 것은 정의로운 것일까? 그러나 그렇다면 자신의 안녕을 공공의 손해보다 경시할 것이다. 혹시 전쟁을 일으키지 않는 것은 모두 정의로운 것일까? 그렇다면 교

---

17) 라이프니츠는 이 문단부터 정의 개념의 정의와 관련된 전통적인 질문들을 묻고 답하는 식으로 다루고 있다. 말하자면, 이것은 라이프니츠가 이전의 정의에 관한 문제들을 점검하고 다른 이들의 정의 개념이 해결하지 못한 점들을 넘어서서 자연법의 세 등급 중 최고 등급인 '보편적 정의'와 '지혜로운 사람의 박애'라는 정의 개념에 이르렀다는 것을 보여준다.
18) 독일어 번역자는 '자신의 필요에 의해 일어난 일'을 '자기의 곤란함을 회피하기 위해 일어난 일'로 의역했다. 그러나 그보다는 라이프니츠가 정의가 항상 다른 사람의 이익과 자신의 이익에 대한 계산을 포함하는 문제라고 규정한 것으로 보아 '다른 사람의 필요에 의해 일어난 일'을 고려하지 않은 채 자신의 필요에 의해서만 일어난 일만을 고려하는 것이 정의로운 것인가라고 묻는 것으로 이해하면 좋을 듯하다.

전 상황에서 자신이 아니라 다른 사람을 죽게 하는 것은 부정의한 것이 될 것이다. 현명한 사람으로부터 이의 제기를 받지 않은 것은 모두 정의로운 것인가? 물론이다. 그러나 부정의in-justitia가 이의 제기를 불러일으키기는 하지만 역으로 이의 제기가 부정의를 만드는 것은 아니다. 이와 유사한 논증이 있다. 현명한 사람들에게서 처벌받지 않은 것들은 모두 정의로운 것이라고 정의했을 때, 이것은 온 세상 지혜로운 자들의 회의에서 지지받을 수 있는 것, 최적의 국가에 어울리는 것, 자연의 뜻에 맞는 것, 지혜로운 자와 능력이 있는 자가 마음에 들어 하는 것, 더 능력이 있는 자에게 유익한 것은 모두 정당하다고 정의하는 것과 같다. 마찬가지로 다음과 같이 정의할 수 있다. 다른 사람들로부터 요청받은 것을 행하고, 자기 스스로 행하지 않을 것은 어떤 것도 요청하지 않는다. 각자는 모두가 행했을 때, 각자에게 유익한 것을 행해야 한다. 또한 공동체의 이익에 반하지 않는 것이 모두 정의로운 것은 아니다. 왜냐하면 쿠르티우스가 죽음 이후의 삶에 대한 희망이 사라졌을 때, 비록 그가 매우 끔찍하게 구덩이에 뛰어드는 것이 그의 조국을 구하는 길이었을지라도, 그는 그것을 정당하게 포기할 수 있었기 때문이다.[19] 그리고 이성적 본성과 일치하는 것이 모두 정의로운 것

---

19) 쿠르티우스는 로마 신화에 등장하는 인물이다. 신화적 이야기에 관해서는 "호로티위스의 자연법에 관한 기록" 각주 9 참조. 라이프니츠는 쿠르티우스의 신화를 사례로 자주 언급한다. 이 번역서에서도 세 곳에 등장한다. 정의를 자신의 이익과 타인의 이익의 비례관계에서 파악해야 한다고 주장하는 라이프니츠는 공공의 이익을 추구하지만 자신에게 큰 피해

은 아니다. 왜냐하면 이것이 말하려고 하는 바는, 그 자체로 정의로운 것은 왜곡되지 않고 이성적 본성과 공존할 수 있으리라는 것이기 때문이다. 말하자면 이것이 통상적으로 말하는 '일치한다'congruere는 말의 의미이다. 만약 그렇지 않다면 질병은 부정의한 것일 것이다. 혹은 그보다는 올바른 이성과 일치하는 것은 모두 정의로운가?[20] 그렇다면 모든 오류는, 그것이 비록 오류를 범하는 사람에게만 손해가 될지라도, 해로운 범죄일 것이다.

정의가 인간이 인간에게 갖는 사랑과 증오 같은 두 가지 감정의 중간에서 절제하는 덕인가? 어렸을 때 나는 이 견해에 매우 열정적으로 찬사를 보냈었다. 내가 막 아리스토텔레스주의에서 빠져나왔을 때, 나는 다른 모든 덕들은 감정의 통제자이지만 정의만은 사태의 통제자rerum moderatrix라는 말을 이해할 수 없었다.[21] 하지만 덕의 총합이 이것으로 이루어진다는 것,

---

를 일으키는 행동이 정의로운 행동이 아니라는 사례로 쿠르티우스의 신화가 적합하다고 생각한 것이다.
20) 아리스토텔레스, 『니코마코스 윤리학』, 1144a-1145 참조. 올바른 이성과 일치하는 것이 모두 정의로운 것은 아니라는 의미를 함축하고 있는데, 이 점에 있어서 라이프니츠는 흐로티위스의 자연법 철학과 차이가 드러난다. 흐로티위스는 올바른 이성이 자연법의 토대라고 주장한 반면 라이프니츠는 이성이 도출한 결론이 처벌받지 않을 것을 기대하고 교묘하게 부정의를 행하는 것일 수 있다고 생각했고 그래서 흐로티위스와 달리 가장 상위 등급의 자연법은 신의 완전한 지혜와 능력에 의존한다고 주장한다.
21) 아리스토텔레스, 『니코마코스 윤리학』, 1106b36-1107a6 참조. 라이프니츠는 다른 버전에서도 아리스토텔레스의 정의 개념을 언급하면서

즉 감정은 복종하는 것 외에 아무것도 할 수 있는 것이 없다는 것을 내가 분명하게 알게 되었을 때, 나는 이 솔깃하기는 하지만 견고하지는 않은 견해에서 쉽게 벗어날 수 있었다. 따라서 소위 도덕적 덕이라고 부르는 것은 오로지 다음의 한 경우, 말하자면 자기 정신과 자기 피의 주인이 되는 경우, 원할 때마다, 원하는 동안, 원하는 강도로 열정을 불태우고, 우뚝 솟았다가 다시 침착해질 수 있고, 기뻐하고 아파할 수 있는 경우가 아니면 있을 수 없다. 그렇지만 이런 균형 잡힌 감정은 대부분 반대 감정과의 혼합을 통해 발생한다. 여기에 더해, 쓸데없이 낭비하는 것이나 적절하지 않은 때에 절약하는 것을 어떤 감정의 발로로 돌려서는 안 된다. 왜냐하면 이것은 자신의 사치와 낭비에서 어떤 명예나 큰 이득을 기대하지만 그와 반대로 자신의 능력과 운을 근거 없이 불신하는 인간의 잘못된 추론에 의해 발생하기 때문이다. 따라서 나는 내가 손해를 끼친 사람을 증오하기 때문에 부정의해질 수 있는 것이 아니라 나 자신에 대한 사랑이나 제삼자에 대한 사랑이 당신에 대한 사랑보다 더 우세하기 때문에 부정의해질 수 있다. 나에 대한 사랑과 당신에 대한 사랑이 혹은 당신에 대한 사랑과 제삼자에 대한 사랑이 서로 반대되는 감정이 아니다(그것들이 상황에 따라 서로 충돌하기도 하지만). 왜냐하면 이 둘은 가장 높은 등급에서 함께 공존할 수 있기 때문이다. 또한 우리가 이 사랑과 증오의 광범위함을 정의justitia의 탓으로 돌리면, 자신의 손해에도 불구하고 다른

이와 같은 내용을 썼다. A VI 1, 455 참조.

누군가를 과도하게 사랑하는 것은 부정의한 것이 될 것이다. 하지만 이것은 부정의한 것injustum이 아니라 부적절한 것ineptum이다. 왜냐하면 그것을 행한 사람에게가 아니면 누구에게도 부정의한 일이 발생하지 않기 때문이다. 하지만 말의 사용을 엄격하게 적용하면, 자기 자신에게 부정의한 행위를 한다는 것은 인정되지 않는다. 그리고 이렇게 말을 불규칙적으로 사용해서 우리가 얻을 수 있는 효과는 단지 정의로운 것이라는 용어와 이익이라는 용어를 혼동하는 것뿐이다. 그리고 우리가 현재 사용하고 있는 말을 사용하지 않으면, 우리는 새로운 말을 만들어야 한다. 따라서 다른 사람에게 도움을 주거나 손해를 끼칠 때, 현명함과 반대되지 않는 것이 모두 정의로운 것은 아닐 것이다. 왜냐하면 그렇게 될 경우, 해를 끼칠 수 있는 권리jus laedendi[22])가 한번 주어지면, 최대한 교활하게 해를 끼치지 않는

---

22) '해를 끼칠 수 있는 권리'는 서양 근대 자연권 철학에서 중요한 논의 지점이다. '해를 끼칠 수 있는 권리'가 정의로운 것으로 인정되지 않는 것이 도덕과 정의의 원리에서 최후의 규칙이라고 할 수 있다. 법도 해를 끼칠 수 있는 권리를 인정하지 않는 도덕과 정의의 원리에 기초한다. 만약 해를 끼칠 수 있는 권리가 인정된다면, 그것은 어떤 이유에서 가능할지 생각해 보자. 그것은 홉스가 말한 자연 상태와 같이 만인에 대한 만인의 전쟁 상태일 때 가능하고, 또 우리 인간이 인간 사회와 공동체를 만인에 대한 만인의 전쟁 상태를 지향할 때 '해를 끼칠 수 있는 권리'가 정당한 권리로 인정될 수 있다. 또한 근대 자연권 철학에서 '해를 끼칠 수 있는 권리'는 전쟁권, 노예권과도 관련이 있다. 근대 유럽에서는 대표적으로 흐로티위스가 전쟁의 권리를 정당화하려고 했고, 또 많은 자연권 사상가들이 노예에 대한 권리가 어떻게 가능한지 혹은 불가능한지에 대해 논했지만 라이프니츠의 자연권 철학에서는 '해를 끼칠 수 있는 권리', 즉 전쟁

것은 부정의한 것이라는 결과가 뒤따르기 때문이다.

양심conscientia에 반하지 않는 것은 진정으로 정의로운 것인가? 그러면 이 '양심에 반한다는 것'은 무엇인가? 양심이 자신이 한 행동에 대한 기억일 때, 우리의 행동에 대한 기억이 우리를 괴롭히면, 즉 우리가 그 행동을 후회하면, 그 행동은 부정의한 행동인가? 만약에 그렇다면, 우리가 우리의 잘못으로 우리 자신에게 준 피해는 모두 부정의한 것일 것이다. 따라서 우리는 앞서 말했던 것과 반대로, 우리 자신에게 부정의한 행동을 하는 것이 될 것이다. 하지만 사람들은 어떤 특정한 본유적 지식 notitia innata[23]이라는 것이 있는지 물을 것이다. 그리고 우리에

의 권리와 노예를 소유할 권리는 정의로운 것에 속하지 않으며 그래서 자연법에도 속하지 않는다. 라이프니츠는 자연법을 세 등급으로 구분하면서, 첫 번째 '누구에게도 피해를 주지 말라'는 자연법의 명령을 엄격한 권리로 규정하고 있다. 이것은 라이프니츠 이후 루소Jean Jacques Rousseau를 거쳐 존 스튜어트 밀John Stuart Mill의 『자유론』으로 연결된다고 볼 수 있다. 밀은 자유를 타인에게 피해를 주지 않는 한, 자신이 원하는 대로 할 수 있는 것으로 규정하기 때문이다. 즉 밀의 자유는 타인에게 피해를 주지 않아야 한다는 조건이 만족되는 한 보장되는 자유이며, 사회적 자유, 시민의 자유를 위해서는 타인에게 피해가 되는 경우를 항상 고려해야 한다는 것을 피력하고 있다.

[23] 라이프니츠의 본유 관념, 혹은 본유적 지식에 대한 견해는 『신인간지성론 1』, 1부의 주제이다. 여기서 인간이 가지고 있는 모든 지식은 경험으로부터 나오고, 본유적 지식 같은 것은 존재하지 않는다고 주장하는 로크에 대항하여 라이프니츠는 우리에게 어떤 종류의 본유 관념이 주어져 있는지 해명한다. 그리고 그는 수학, 논리학, 형이상학 등을 구성하는 필연적 진리가 우리에게 주어져 있는 본유 원리라고 말한다. 예를 들어 동일률, 모순율, 연역 논리의 추론 규칙 같은 것들은 경험을 통해 배워서

게는 정의와 부정의에 대한 어떤 특정한 증거, 즉 모든 예외보다 더 강력하고, 악행을 의식함으로써 악함을 괴로워하게 만드는 증거가 주어져 있다. 우리의 본성은 창조자의 놀라운 조언에 의해 형성되어 있어서, 다른 처벌은 없더라도, 항상 범죄자에게는 확실하게 처벌이 주어지도록, 즉 악을 행한 자에게 고통이 뒤따르도록 만들어져 있다. 하지만 이 신탁을 원하는 자가 신탁에게 자문을 구할 것이고, 이 신탁을 원하는 자는 저 내면의 고통이 두려움이라는 것, 말하자면 누구도 속일 수 없고, 누구도 피할 수 없는 재판관의 처벌에 대한 두려움이라는 것을 발견하게 될 것이다. 재판관의 생각은 가장 단순한 심성을 가진 자들에게 이 세상의 관점으로 새겨질 것이고, 가장 부도덕한 자들은 그들이 아무리 원하더라도 재판관의 생각에서 벗어날 수 없다. 그러므로 정의로운 것이란 재판관의 어떤 처벌도 두려워하지 않는 것일 것이다. 이것이 우리가 이미 앞에서 권고했던 정의를 정의하는 방식이다.

그러면 이제 우리는 그렇게 많은 논의로 혼란을 겪고 난 후 어디에 위치하고 있는가? 정의란 자신의 이익을 위해 다른 사람의 이익을 원하는 태도habitus인가? 약간 변조되기는 했지만

아는 것이 아니라 반성적 지식과 같이 정신이 자기 자신을 자각함으로써 알 수 있는 그리고 신도 그 진리를 변경할 수 없는 필연적이고 영원한 진리이다. 따라서 이런 지식은 우리에게 본유적으로 주어져 있는 것이고 이 원리들을 이용해 증명된 것들도 본유적 지식이다. 이 책 "좋음과 정의의 본성에 관하여"에서 주장한 바와 같이 정의 개념도 이런 필연적 진리에 속한다.

이것이 진리에 가장 가깝다. 정의에 있어서는 다른 사람의 이익을 고려하고 또 우리 자신의 이익도 고려해야 한다. 하지만 한 사람의 이익을 목적으로 다른 사람의 이익을 고려하는 그런 방식은 아니다. 그렇지 않으면 우리의 도움에 아무런 보상이 주어지지 않는 것이 확실할 때, 우리가 거의 아무런 수고를 하지 않아도 어떤 불행한 사람을 구할 수 있는데도, 그가 파멸에 이르게 되는 불행을 그대로 내버려두는 것이 정당하다는 결론이 뒤따른다. 하지만 다가올 미래의 삶에 대해 아무런 고민도 하지 않는 사람들조차 모두 이것을 마치 악한 행위로 증오한다. 그리고 모든 선한 사람들의 생각은 돈을 목적으로 하는 이런 정의의 타산을 혐오한다는 것은 말하지 않더라도, 신에 대해서는 뭐라고 말할 것인가? 이런 정의에 신을 도구로 간주하는 것은 신성모독이 아닌가? 그러면 이런 정의는 앞에서 우리가 말한 것과 어떻게 조화될 수 있을까? 앞에서 우리는 우리 자신의 이익을 위해서가 아니면 어떤 것도 의도적으로 행하지 않는다고 말했고, 지금 우리는 우리 자신의 이익을 위해 다른 사람의 이익이 추구되어야 한다는 것을 부정했기 때문이다. 이 둘은 소수 사람들에 의해서만 고찰된 어떤 이유를 통해 의심의 여지 없이 조화될 수 있으며, 이를 통해 참된 법학뿐만 아니라 참된 신학에도 커다란 빛을 비출 수 있다. 이 문제는 확실히 사랑의 본성에 달려 있다.[24] 다른 사람의 이익을 바라는 이

---

24) 라이프니츠가 말하는 '사랑의 본성'에 대해 이 책 "만민 외교법 서문"에서 "사랑한다는 것은 다른 사람의 행복을 기뻐하는 것"이라고 한 부분과

유에는 두 가지가 있다. 첫 번째는 우리 자신의 이익을 위해서이고, 두 번째는 그것을 마치 우리 자신의 이익처럼 여기기 때문이다. 전자는 평가하는 사람의 이유이고, 후자는 사랑하는 사람의 이유이다. 전자는 자신의 노예를 대하는 주인의 감정이고, 후자는 자기 자식을 대하는 아버지의 감정이다. 전자는 도구가 필요한 사람의 감정이고, 후자는 친구를 사랑하는 사람의 감정이다. 전자의 경우 또 다른 이익을 얻기 위해 다른 사람의 이익을 추구하는 것이지만, 후자의 경우는 자기 자신을 위해 추구하는 것이다. 그러나 사람들은 물을 것이다. 사람들이 자기 자신을 위해 이익을 추구하는데, 어떻게 다른 사람의 이익이 우리 자신의 이익과 같은 것이 될 수 있는가? 왜냐하면 다른 사람의 이익이 목적이 아니라 우리 자신의 이익을 위한 수단이 되는 경우가 아니면 다른 사람의 이익이 우리의 이익이 될 수 없기 때문이다. 하지만 나는 만약 그것이 즐거운jucundus 일

"일반학을 위한 일련의 정의들: 행복, 지혜, 덕"에서 "5. 사랑한다는 것은 다른 사람의 완전함에서 즐거움을 발견하는 것이다."라는 부분을 참고하길 바란다. 그리고 라이프니츠 철학 전문가인 하이네캄프는 그의 사랑 개념이 인간의 이기주의적 성향이 아니라 행동의 자기 연관성에 대해 말하는 것이라고 지적한 바 있다. Albert Heinekamp, *Das Glück als höchstes Gut in Leibniz' Philosophie*, Bonn, 1960, p. 102. 하지만 라이프니츠의 정의 이론과 자연법 철학에는 인간의 이기성, 즉 자신의 이익을 추구하려는 본성을 가장 우선적이고 근본적인 요소로 상정하고 있다. 사랑 개념은 이런 이기성이 타인의 이익 추구와 상충하지 않고 조화를 이룰 수 있는 방법으로 제시된 것이다. 한 사람이 다른 사람을 사랑한다는 것은 다른 사람이 이익을 얻는 것을 한 사람이 기뻐하는 것이기 때문이다.

이라면, 그것은 목적이 될 것이고, 자기 자신을 위해 추구될 것이라고 대답한다. 왜냐하면 모든 즐거운 일은 자기 자신을 위해 추구하고, 또한 자기 자신을 위해 추구하는 일은 모두 즐거운 일이기 때문이다. 나머지 다른 일들은 그 일들이 만들어내고 보존하는 즐거움 때문에, 혹은 반대되는 것들을 제거하는 즐거움 때문에 추구된다. 모든 사람들은 그들이 무엇을 말하든 이렇게 느끼거나 적어도 그들이 무엇을 느끼든 이렇게 행동한다. 저 스토아학파 사람들, 저 하늘을 나는 사람들, 구름을 지나는 사람들, 이 세상을 초월한 사람들에게 물어보라. 이들은 쾌락의 적처럼 보이려고 하지만 사실은 이성의 적이다. 그들의 행동을 그리고 그들의 움직임을 관찰하고 탐색해 보라. 그러면 그들은 자기들의 공허한 철학에 대해 거짓이라고 반격을 가하지 않으면 손가락 하나도 까딱일 수 없다는 것을 알게 될 것이다. 명예 그 자체는 영혼의 즐거움$_{\text{jucunditas animi}}$ 외에 다른 것이 아니다. 사람들이 키케로가 명예를 중시하고, 쾌락을 맹렬하게 비난하는 것을 더 주의 깊게 들었다면, 그가 덕의 아름다움에 대해, 범죄의 추함에 대해, 기뻐하는 영혼의 품 안에 놓여 있는 양심의 평안에 대해, 결점이 없는 평판의 이로움에 대해, 이름의 불멸성에 대해, 영광의 승리에 관해 얼마나 훌륭하게 변론했는지 들었을 것이다.[25] 하지만 이 모든 것에서 쾌락 외에 자기 자신을 위해$_{\text{per se}}$ 추구해야 하는 것이 무엇인

---

[25] Cicero, *De officiis*, Bk. III, 119[『의무론』, 임성진 옮김, 아카넷, 2024, 230쪽] 참조.

가? (내가 '자기 자신을 위해'라고 말하는 것은 그것이 능력을 증대하는 영광의 또 다른 과실이기 때문이다. 왜냐하면 영광이 우리를 사랑받게 만들거나 두려워하게 만들기 때문이다.) 우리는 아름다운 것을 추구한다. 왜냐하면 그것이 우리를 즐겁게 하기 때문이다. 나는 아름다운 것을 그것에 대한 관조가 우리를 즐겁게 하는 것이라고 정의한다. 또한 즐거움은 반성적 사고를 통해 배가된다. 우리가 우리 자신의 아름다움을 관조할 때마다 우리 덕의 양심conscientia이 안정된다. 하지만 시각에서도 마찬가지로 두 번의 굴절이 발생할 수 있다. 첫 번째는 안경 렌즈에서, 두 번째는 망원경의 렌즈에서 굴절이 일어날 수 있고, 후자는 전자를 확대한다. 이와 마찬가지로 생각할 때에도 반성적 사고는 이중으로 일어난다. 왜냐하면 모든 정신은 흡사 일종의 거울과 같기 때문이다. 그래서 한 거울이 우리의 정신에 있다면, 다른 거울이 다른 사람의 정신에 있을 것이다.[26] 그리고 거울이 많이 있다면, 즉 우리의 장점을 인식하는 정신이 많이 있다면, 그 빛은 더 커질 것이고, 거울이 빛을 모아 눈에 비출 뿐만 아니라 거울 서로 간에도 빛을 비출 때, 모인 광채가 영광을 만든다. 정신에서도 추함의 이유는 동일하다. 비록 다른 곳에서는 거울의 반사로 어둠이 더 증가하지 않더라도 말이다.

우리의 주제로 다시 돌아오자. 모든 인류가 동의하는 것은,

---

[26] 라이프니츠가 정신을 거울에 비유한 것은 후기 형이상학 저작에서도 등장한다. *Discours de metaphysique*[『형이상학 논고』], 9; *Monadologie*[『모나드론』], 56 참조.

모든 즐거운 일은 자기 자신을 위해 추구하고, 또한 자기 자신을 위해 추구하는 일은 모두 즐거운 일이라는 것이다. 그러므로 우리는 다른 사람의 이익이 어떻게 우리 자신의 이익이 될 수 있는지뿐만 아니라 다른 사람의 이익을 자기 자신을 위해 추구할 수 있다는 것도 쉽게 이해할 수 있다. 물론 다른 사람에게 이익이 되는 것이 우리에게 즐거운 일일 때이다. 이로부터 우리는 사랑에 대한 참된 정의를 구성할 수 있다. 누군가를 사랑한다는 것은 그에게 이익이 되는 것이 우리에게 기쁨delectatio이 되는 것이다. (지나가면서 말했듯이) 사랑받는 모든 것이 아름답다는 것, 즉 그것을 감각하는 사람들에게 기쁨이 될 수 있다는 것은 분명하지만 아름다운 것들이 모두 사랑받는 것은 아니다. 또한 비이성적인irrationalia 존재들은 실제로 사랑받지 못한다. 그것들은 자신에게 이로운 것을 찾으려고 하지 않기 때문이다. 대중의 착오로 인해 다음과 같이 상상하는 사람들이 아니라면 말이다. 즉 짐승들에게도 우리가 알지 못하는 어떤 이성 같은 것, 그 사람들이 감각이라고 부르는 것이 있다고 상상하는 사람들 말이다. 그러므로 정의는 다른 사람에게 이로운 것을 자기 자신을 위해 추구할 것을 요구하기 때문에, 그리고 다른 사람의 이익을 자기 자신을 위해 추구하는 것은 곧 다른 사람을 사랑하는 것이기 때문에, 정의의 본성으로부터 정의가 곧 사랑이라는 결론이 뒤따른다. 그러므로 정의는 현명하게 행해지는 한에서, (혹은 그것이 더 큰 고통을 야기하지 않는 한에서,) 다른 사람을 사랑하는 (혹은 자기 자신을 위해 다른 사람에게 이로운 것을 추구하는, 다른 사람의 이익을 기뻐하는) 태도habitus일 것이다.[27] 그리고 우리 자신의 이익에서 얻은 쾌락일지라도, 더 큰 고통의 원인이 될 수 있으므로 현명함에 의해 제어되어야 한다. 하물며 다른 사람의 이익에서 얻는 쾌락은 더욱 그러하다. 물론 여기서 현명함에 도움을 청하는 것이 적절하지 않더라도, 어리석게 자신의 고통 없이 다른 사람의 이익을 추구한다고 믿는 사람도 현명해야 할 의무가 있다. 따라서 정의는 다른 사람의 이익에 대한 기대부터 자신의 더 커지는 고통에 대한 예상까지 쾌락을 획득할 수 있는 태도$_{habitus\ capiendi\ voluptatem}$일 것이다. 하지만 다시 마지막 말은 지워질 수 있다. 우리에게 중간에 고통이 끼어들더라도, 다른 사람의 이익에 대한 기대에서 기쁨을 얻는 것을 막을 수 있는 것은 없다. 그 행동이 더 큰 쾌락을 따르는 것이든 더 적은 고통을 따르는 것이든 상관없이 말이다. 따라서 끝으로 어떤 결론을 내려 보면, 정의에 대한 참되고 완전한 정의는, 다른 사람을 사랑하는 태도, 혹은 문제가 생길 때마다 다른 사람의 이익에 대한 기대에서 자신의 쾌락을 획득하는 태도이다. 형평$_{aequum}$은 문제가 생길 때마다 다른 모든 사람을 사랑하는 것이다. 형평을 추구하는 것은 우리의 의무이다(우리는 형평을 추구해야 한다). 부정의$_{injustum}$는 문제가 생길 때마다 다른 사람의 이익을 기뻐하지 않는 것이다. 정의로운 것(허용된 것)은 부정의하지 않은 모든 것이다. 따라서 정의로운 것은 형평, 즉 문제가 생길 때마다 다른 사람의 이익을 기뻐하는 것일 뿐만 아니라 부정의하지 않은 것,

---

27) '태도'라고 번역한 'habitus'는 라이프니츠의 정의에 따르면 '지속적이고 획득된, 행동할 준비가 되어 있는 상태'를 일컫는다. A VI, 1, 266.

즉 문제가 생기지 않을 때에도 사람들이 원하는 것을 행하는 것이다. [자연적] 권리$_{jus}$는 정의로운 것을 행할 수 있는 잠재력 potentia이다.[28]

---

28) 여기서 'jus'를 '권리'로 번역한 것은 'obligatio'(의무)와 같이 나오기 때문인데 우리가 현시점에 직관적으로 알고 있는 '권리'라는 말은 법이 정한 것이지만 여기서 권리는 자연적 권리를 의미하고, 따라서 의무도 자연적 의무로 이해해야 한다. 그래서 번역문에 '[자연적]'을 추가했다.

자연법의 원리
정의와 정리[1)]

정의Justitia는 모든 사람을 사랑하는 태도habitus이다.[2)]

권리jus는 좋은 사람에게 잠재력[3)]이다.

---

1) 이 저작의 원어는 라틴어이다. 이 글은 아카데미판에서 "자연법의 원리" Elementa Juris Naturalis라는 큰 제목하에 편집된 다섯 번째 저작의 일부를 번역한 것이다. 차례에서 세 번째로 번역한 저작과 같은 제목이어서 구별하기 위해 그리고 이 저작의 특성을 드러내기 위해 "정의와 정리"라는 부제를 붙였다. 라이프니츠는 이성에 기초한 자연법 이론을 구축하는 데 정의正義 개념을 정의하는 것이 가장 우선이고, 개념의 정의를 토대로 증명 가능한 논리적 체계를 갖출 수 있다고 생각했다. 이 글에 나타난 개념의 정의와 자연법의 양상으로 라이프니츠는 규범 논리학deontic logic의 창시자로 평가받기도 했다. 다음의 프랑스어, 독일어 번역을 참고했다. *Le Droit de la Raison*, pp. 208-210. *Frühe Schriften zum Naturrecht*, pp. 245-251, 287.
2) "자연법의 원리"라는 일련의 저작 묶음에서 이곳이 처음으로 정의가 '모든 사람에 대한 사랑'이라고 정의된 곳이다. 이전 저작에서 정의는 '다른 사람에 대한 사랑'으로만 정의되었고, '모든 사람에 대한 사랑'은 두 번째 자연법인 '형평' 개념에 사용되었다. 이로써 "자연법의 원리"라는 저작 묶음에서 라이프니츠의 정의正義에 대한 정의定義는 단계적으로 보편적 정의를 향해 가는 모습을 보인다는 것을 알 수 있다.
3) 'potentia'는 보통 '힘' 혹은 '능력'으로 번역하고 이 책에서는 '권한', '권능'으로도 번역했지만 규범 논리학에서 사용하는 양상 개념, 즉 '가능성', '필연성'과 관련된 경우라서 '가능성'과 유사한 '잠재력'으로 번역했다. 그리고 권리를 좋은 사람에게 잠재력이라고 정의한 것이 직관적

의무obligatio는 좋은 사람에게 필연적인 것이다.

호로티위스가 도덕적 자질Qualitas Moralis이라고 불렀던 이 둘은 좋은 사람vir bonus[4]의 자질과 다르지 않다.

정의로운 것, 허용된 것Licitum은 좋은 사람이 행하는 것이 가능한 모든 것이다.
부정의한 것, 금지된 것은 좋은 사람이 행하는 것이 불가능한 모든 것이다.
형평, 의무인 것Debitum은 좋은 사람이 행하는 것이 필연적인 모든 것이다.
의무가 아닌 것은 좋은 사람이 행하는 것을 생략할 수 있는 모든 것이다.[5]

으로 이해되지 않을 수 있다. 바로 전 저작의 마지막 줄에 권리를 '정의로운 것을 행할 수 있는 잠재력'이라고 한 것과 비교하면 '정의로운 것을 행할 수 있는 사람'을 좋은 사람으로 생각한 것이라고 할 수 있다. 결국 라이프니츠에게서 자연적 권리와 의무는 좋은 사람의 도덕적 역량 혹은 자질이라고 할 수 있다.

[4] 라이프니츠는 '좋은 사람'이라는 고전적 용어를 자신의 정의 개념에 맞게 '모든 사람을 사랑하는 사람'으로 정의한다. '좋은 사람'과 '모든 사람을 사랑하는 사람'의 동일시는 다른 저작에서도 볼 수 있다. "정의는 좋은 사람의 태도(즉 보증된 마음 상태)이다. '보증된'이라는 말로 나는 마음 상태가 변할 수 없다는 것을 말하는 것이 아니라 쉽게 변할 수 없다는 것을 말한다"[Elemanta Juris Naturalis(1671): A VI, 1, 480]. 즉 정의로운 것을 행하는 것은 모든 사람을 사랑하는 것이고 이렇게 행하는 사람이 좋은 사람이며, 정의는 다름 아닌 좋은 사람의 태도 혹은 도덕적 자질이 된다.

그러므로 로마의 법률가들은 법률로 충분히 규정되지 않은 것은 좋은 사람에 대한 자유재량의 평가를 적용해야 한다고 지혜롭게 주장했다.

정의로운 것이면서 동시에 생략할 수 있는 것은 선택권이 주어진indifferens[6] 것이다.

---

5) 이 도식에서 논리적 양상 개념을 도덕적 양상 혹은 자연법의 양상에 적용하여 하나씩 연결하고 비교한 것으로 인해 라이프니츠는 규범 논리학 혹은 의무 논리학의 창시자로 간주된다. 그는 도덕적 규범의 근본 개념인 허용, 금지, 의무, 의무가 아닌 것을 필연성, 우연성, 가능성, 불가능성의 논리적 양상 개념과 구조적으로 유사한 것으로 보았다. 이 도식은 "자연법의 원리" 여섯 번째 저작에서는 우연성 개념도 포함하여 '생략할 수 있는'을 '우연적인'으로 바꾸어 다음과 같이 나타난다.

정의로운 것, 허용된 것은 좋은 사람이 행하는 것이 가능한 모든 것이다.
부정의한 것, 금지된 것은 좋은 사람이 행하는 것이 불가능한 모든 것이다.
형평, 의무인 것은 좋은 사람이 행하는 것이 필연적인 모든 것이다.
선택권이 주어진 것은 좋은 사람이 행하는 것이 우연적인 모든 것이다[Elemanta Juris Naturalis(1671): A VI, 1, 480].

6) 라이프니츠 철학 저작에서 'indifferens'는 빈번히 등장하는 용어인데, 여기서는 다른 의미를 갖는다. 먼저 자연철학과 형이상학에서 "indifferentia equilibrii"(평형의 무구별)(A VI, 4, 1355)는 '이유 없이 아무것도 일어나지 않는다'Nihil sine ratione는 라이프니츠의 충족 이유의 원리에 따라, 즉 어떤 일이 이유 없이 일어나는 것은 불가능하다는 원리에 따라 신이 구별되는 이유 없이 동시에 두 가지를 원한다고 말하는 것은 어느 한쪽으로도 기울어지지 않는 평형 상태처럼 양쪽이 차이가 나지 않는, 구별되지 않는 것을 인정하는 것이며 이것은 곧 허구라고 주장할 때 등장한다. 이때 'indifferens'는 '무구별' 혹은 '차이 없음', '동등함'의 의미

가능한 것은 일어날 수 있는 모든 것이다. 즉 어떤 경우에 참인 것이다. (명확하고 구별되게 이해되는 것이다.)

불가능한 것은 일어날 수 없는 모든 것이다. 즉 모든 경우에 혹은 어떤 경우에도 참이 아닌 것이다. (명확하고 구별되게 이해되지 않는 것이다.)

필연적인 것은 일어나지 않을 수 없는 모든 것이다. 즉 모든 경우에 참이거나 어떤 경우에도 참이 아니지 않은 것이다. (그것의 반대가 명확하고 구별되게 이해되지 않는 것이다.)

우연적인 것은 일어나지 않을 수 있는 모든 것이다. 즉 어떤 경우에 참이 아닌 것이다. (그것의 반대가 명확하고 구별되게 이해되는 것이다.)[7]

로 사용된다. 또한 자유와 관련하여 이 'indifferens'가 사용되는 경우에, 라이프니츠가 결정되지 않은 상태, 규정되지 않은 상태를 마치 자유가 주어진 상태로 착각해서는 안 된다고 주장할 때, 이것은 '미결정'의 의미로 사용된다. 그래서 라이프니츠는 미결정의 자유는 진정한 자유가 아니라고 주장한다. 반면 여기서 'indifferens'는 '아무래도 상관없는'을 의미하는데, 독일어 번역본에서 부셰는 여기서 'indifferens'가 'freigestellt'의 의미라고 해석했고 이 해석이 적절하다고 여겨 '선택권이 주어진'으로 번역했다. *Frühe Schriften zum Naturrecht*, pp. 244-245.

7) 괄호 안 문장은 A VI, 2, 528에 첨부된 도표에 추가되어 있는 내용을 함께 번역한 것이다. 라이프니츠 철학에서 양상 개념을 면밀하게 연구한 한스 포저Hans Poser는 이 도식에서 양상 개념이 세 개의 차원, 즉 존재론적 차원, 논리적 차원, 인식론적 차원으로 구별되어 있다고 분석했다. '일어나다'fieri에서 존재론적 차원이 이루어지고, '참'verum에서 논리적 차원이 형성되고, '이해됨'intelligere에서 인식론적 차원이 만들어진다는 것이다. 더불어 그는 라이프니츠가 데카르트의 명증성 기준인 '명확하고 구별되게'clare distincteqve를 통해 양상 개념을 도식적으로 형상화했다고

따라서 아리스토텔레스와 다른 철학자들이 논리학에서 증명했던 모든 양상의 연결, 전환, 반대는 우리의 이 자연법의 양상Juris Modalia으로 매우 유용하게 옮겨질 수 있다.

개인은 자기 자신을 사랑하는 모든 사람이다. 혹은 쾌락과 고통으로 자극받는 모든 사람이다. 동물은 기계나 거울보다 더 한 쾌락이나 고통이나 감각을 가지고 있지 않다.

좋은 사람은 모든 사람을 사랑하는 사람이다.

우리는 그 사람의 행복에서 우리가 기쁨을 느끼는 사람을 사랑한다.

게걸스럽게 먹고 싶은 것을 사랑하는 것과 같은 결합의 욕구는 사랑이 아니다. 왜냐하면 미각을 즐겁게 하는 음식을 사랑한다고 말하는 것이 통상적인 것이라면, 우리는 또한 늑대가 어린 양을 사랑한다고 말해야 하기 때문이다. 따라서 모든 종류의 성적인 사랑은 진정한 사랑과 구별된다.[8]

지적했다(Hans Poser, *Zur Theorie der Modalbegriffe bei G. W. Leibniz*, Wiesbaden, 1969, p. 17).

8) "자연법의 원리" 여섯 번째 저작에 이 부분과 관련된 추가적 내용이 있다. 라이프니츠가 기존에 있었던 정의 개념을 살펴보고 '지혜로운 사람의 박애'라는 정의 개념에 이르렀다는 것을 확인할 수 있는 내용이다.

> 박애caritas와 정의는 분리해서 다룰 수 없다. 모세도 그리스도도 사도들도 그리고 초기 그리스도인들도 사랑dilectio이 아닌 다른 것에 정의의 규칙을 두지 않았다. 플라톤주의자들, 신비주의 신학자들, 모든 나라와 지역에 있는 더 유명하고 경건한 사람들은 사랑amor 외에 아무것도 더 간절히 바라고 요구하지 않았다. 나는 무수히 많

행복은 한 개인의 최적의 상태이다.

(이익의 증진은 무한하게 진행되기 때문에, 결과적으로 최적의 상태는 계속되는 이익의 증진에 아무것도 방해가 되지 않는 상태이다. 욕구하는 것을 중지하는 것 혹은 아무것도 원하지 않는 상태는 행복한 상태가 아니라 무기력한 상태이다. 자신의 이익이 계속되기를 바라지 않는 사람은 자신의 이익을 감지하지도 못한다. 하지만 조화 없이는 기쁨도 없고, 다양성 없이는 조화도 없다.)

상태는 일어난 일$_{accidens}$의 집적이다.

(형상이 마음 상태$_{affectio}$의 집적인 것처럼)

이런 맥락에서 일어난 일은 우연적 술어이다.

(마음 상태가 필연적 술어인 것처럼)

술어는 명사가 아닌 다른 종류의 속성$_{attributum}$이다.

이름은 한 사물을 알게 해 주는 속성이다.

최적$_{optimum}$은 가장 큰 이익이다.

좋은 것$_{Bonum}$은 그것을 정확하게 알고 있는 사람이 추구하는 모든 것이다. 즐거움뿐만 아니라 즐거움의 원인, 즐거움의 필수 요건, 즐거움을 얻을 수 있는 방책 혹은 피해를 당하지 않을 수 있는 방책 따위가 그런 것이다.

정확히 안다는 것$_{pernoscere}$은 사물이 그 자체로 또는 다른 사물과 결합하여 작용을 가할 수 있는 것과 작용을 받을 수 있는 것을 아는 것이다. 이는 실제적 정보이다. 정리는 문제를 해

은 정의 개념을 시도한 후 마침내 이 제일가는 정의에 이르렀고, 이것은 보편적 정의와 교환적 정의 모두에서 으뜸이다(A VI, 1, 481).

결하기 위한 것이기 때문이다. 따라서 지혜롭거나 보편적으로 정확히 알지 못하는 사람은 어느 것도 사물을 정확하게 아는 사람이 아니다. '정확히 안다'는 것을 라틴어로 말하면 '이해한다'intelligere는 것이다. '이해한다'는 것은 '가장 깊숙이 읽는다'는 의미이지만, 현재 '이해한다'라는 단어는 더 넓은 의미로 이성과 함께하는 모든 인식을 포함하는 것으로 사용된다.

법학Jurisprudentia은 정의로운 것justus에 관한 학문이다. 즉 자유와 의무에 관한 학문 혹은 제기된 어떤 사건이나 사실과 관련해서는 정의로운 것에 관한 학문scientia juris이다.[9] 이것이 비록 실천적 학문이기는 해도, 그것의 모든 명제가 오로지 좋은 사람에 대한 정의를 통해서만 증명될 수 있고, 귀납이나 사례들에 의존하지 않기 때문에, 나는 그것을 학문이라고 부른다. 물론 이 학문이 다양한 법률의 조화를 통해 그리고 전문가들의 문서화된 합의나 구두 합의를 통해, 또 인민의 공적인 목소리를 통해 탁월하게 밝혀지고 또한 증명의 능력이 없는 사람들에게서도 확인되긴 하지만 말이다. 나는 법학을 정의로운 것에 관한 학문, 즉 좋은 사람에게서 가능한 것에 관한 학문이

---

[9] 법학Jurisprudentia의 정의와 관련하여 라이프니츠는 "법학을 가르치고 배우는 새로운 방법"Nova Methodus discendae docendaeque jurisprudentiae에서 다음과 같이 정의했다. "법학은 행동이 정의롭거나 부정의하다고 일컬어지는 한에서 그 행동에 관한 학문이다. 정의로운 행동은 공공에 유익한 것이고, 부정의한 행동은 공공에 손해인 것이다. 공공은, 말하자면 첫 번째 공공은 세계, 즉 그것의 통치자가 신인 세계이고, 그다음은 인류이고, 마지막은 국가를 의미한다"(A VI, 1, 300-301).

라고 부른다. 왜냐하면 이 학문에서 좋은 사람에게 불가능한 모든 것을 행하는 것과 좋은 사람에게 가능한 모든 것을 생략하지 않는 것이 같은 것으로 분명하게 드러나기 때문이다.[10] 나는 법학을 의무$_{officium}$에 관한 학문, 즉 좋은 사람에게서 불가능한 것과 필연적인 것, 즉 생략하는 것이 불가능한 것에 관한 학문이라고 부른다. 왜냐하면 제외되지 않은 다른 것들은 정의로운 것과 선택권이 주어진 것으로 간주되거나 가능한 것과 우연적인 것으로 간주되기 때문이다. 필연적인 것과 불가능한 것을 열거하는 것으로 충분하다. 물론 불가능한 것만 열거하는 것으로도 충분하다. 따라서 나머지 것들은 말없이 이해하게 된다. 왜냐하면 모든 것은 사물의 본성에 따라 행해지거나 생략되는데, 반대되는 의심이 이성적으로 나타나기 전까지는 가능하다고 간주되기 때문이다.

자유는 도덕적 잠재력, 즉 좋은 사람에게 적합한 자연적 잠재력과 일치하는 것이다.

의무$_{officium}$는 자연적 잠재력에 비해 도덕적 잠재력의 부족이다.

따라서 자유는 좋은 사람에게서 가능한 행동 혹은 우연적 행동이라고 불리거나 정의로운 행동과 선택권이 주어진 행동

---

10) 이 문장을 바로 이해하기 어려울 수 있다. 본문 아래 정리 2와 4를 이용해서 문구를 대체해 보면, 좋은 사람에게 불가능한 모든 것은 부정의한 것이고 좋은 사람에게 가능한 모든 것은 정의로운 것이다. 그러면 이 문장은 '부정의한 것을 행하는 것'과 '정의로운 것을 생략하는 것'이 법학에서는 같은 것으로 나타난다는 의미이다.

이라고 불리는 행동의 방식이다. 의무는 반대로 불가능한 행동 혹은 필연적 행동이라고 불리거나 부정의한 행동과 의무적 행동이라고 불리는 행동이다.

우리가 이제 곧 밝히겠지만, 도덕적 잠재력이 자연적 잠재력을 넘어서는 일은 결코 없다.

정리

[자연]법에 대한 정의Juris definitio 자체가 우리에게 요구하는 바와 같이 정의를 계속해서 분석하면 정리들, 즉 개념들의 조합이 뒤따른다. 이 정리들은 특칭 주어를 갖거나 아니면 특칭 술어를 갖는다. 또한 전칭 주어를 갖거나 전칭 술어와 주어, 즉 환위 가능한 것들을 갖는다. 단지 가능성 외에는 아무것도 알려 주지 않는 모든 명제와 마찬가지로 특칭 주어를 가진 명제들은 학문에서 제외된다. 왜냐하면 그런 명제들은 무한하게 많을 뿐만 아니라 누구나 재능이 없어도 증가시킬 수 있고, 또 아무것도 가르치지 않기 때문이다. 전칭 명제들이 하는 것은 우리가 앞으로 특칭 명제들에 대해 조사할 때 안전하게 할 수 있도록 돕는 것이다. 전칭 명제지만 환위 불가능한 명제는 종개념에 속하는 유개념에 대해 설명해 주고 확실하게 알려 주지만, 동등하게 넓게 개방된 명사들terminos에, 보편적 개념 $\kappa\alpha\theta\lambda\text{ou}\ \pi\rho\acute{\omega}\tau\text{ov}$[11])에 도달하기까지 만족시키지는 못한다. 그리고 모든 것을 개개의 것과 일치하게 만드는, 문제를 구성하는 데에도 정리를 해결하는 데에도 보편적으로 사용되는 방법들에 도달하

기까지 만족시키지 못한다. 부정명제는 항상 환위 가능하지만, 우리가 헛되이 행하지 않도록 돕는 것이지 유익하게 행하도록 돕지는 않는다. 따라서 서로 다른 개념들이 보편적으로 서로에 대해 진술되는 경우, 전칭이고 환위 가능한 명제를 항상 최우선으로 찾아야 하지만 때로는 환위 불가능한 부정명제를 통해서만 도달할 수도 있다. 이것은 유클리드Euclid와 대부분의 수학자들이 사용했고, 또 많은 경우에 후속 학자들에 의해 점점 더 완전해지는 학문에서 보편적이고 간결한 증명을 발견하는 방법으로 사용되었다. 이것은 우리의 정리를 어떤 순서로 배열하는 것이 가장 적절할지 살펴보는 방식이기 때문이다. 우리의 이 보편적 원리들은 무엇이 정의로운 것이고, 부정의한 것이고, 의무인 것이고, 생략 가능한 것인지 알도록 하기 위한 것이고, 논리에 비례하여 대응하기 때문에, 나는 이것을 자연법의 양상이라고 부른다.

[……]

1. 모든 정의로운 것은 모든 사람을 사랑하는 사람에게 가능하다.
2. 모든 사람을 사랑하는 사람에게 불가능한 모든 것은 부정의한 것이다.
3. 모든 사람을 사랑하는 사람에게 불가능한 모든 것은 생

---

11) '보편적 개념'καθλου πρῶτον은 아리스토텔레스의 용어이다. *Analytica posteriora*, I, 4-5, 73b25-74; II, 17, 99a33-35.

략할 수 있는 것이다.

4. 모든 사람을 사랑하는 사람에게 가능한 모든 것은 정의로운 것이다.

5. 모든 부정의한 것은 모든 사람을 사랑하는 사람에게 불가능한 것이다.

6. 모든 사람을 사랑하는 사람이 행한 모든 것은 정의로운 것이다.

왜냐하면 행해진 모든 것은 가능하기 때문이다.

7. 정의롭지 않은 모든 것은 모든 사람을 사랑하는 사람에 의해 행해지지 않는 것이다.

8. 모든 의무는 모든 사람을 사랑하는 사람에게 필연적인 것이다.

9. 모든 사람을 사랑하는 사람에게 우연적인 모든 것은 생략할 수 있는 것이다.

10. 모든 사람을 사랑하는 사람에게 필연적인 모든 것은 의무인 것이다.

11. 모든 사람을 사랑하는 사람에게 필연적인 모든 것은 정의로운 것이다.

12. 생략할 수 있는 모든 것은 모든 사람을 사랑하는 사람에게 우연적인 것이다.

13. 모든 부정의한 것은 모든 사람을 사랑하는 사람에게 우연적인 것이다.

14. 의무인 모든 것은 모든 사람을 사랑하는 사람에 의해 행해지는 것이다.

왜냐하면 모든 필연적인 것은 행해지기 때문이다.

15. 모든 사람을 사랑하는 사람이 행하지 않은 모든 것은 의무가 아닌 것이거나 생략할 수 있는 것이다.

따름정리

1. 모든 정의로운 것은 사랑하는 사람에게 가능한 것이다. 여기서 '사랑하는 사람에게 가능한 것'이란 그의 사랑과 조화를 이룰 수 있는 것을 말한다.
2. 사랑하는 사람에게 불가능한 모든 것은 부정의한 것이다.
3. 사랑하는 사람에게 불가능한 모든 것은 생략할 수 있는 것이다.
4. 사랑하는 사람에게 필연적인 것은 의무인 것이다.
5. 사랑하는 사람에게 필연적인 것은 허용된 것이다.
6. 의무가 아닌 모든 것은 사랑하는 사람에게 우연적인 것이다.
7. 부정의한 모든 것은 사랑하는 사람에게 우연적인 것이다.

정의와 자연법에 관하여[1]

정의justitia는 지혜로운 사람의 박애, 즉 선하고 현명한 사람의 판단과 일치하는 것이다. 또는 인간에 대한 인간의 감정, 즉 자비와 증오를 올바른 이성에 따라 조절하고 지도하는 덕이다. 따라서 우리는 모든 사람을 평등하게 대해야 하고, 다른 사람의 덕을 사랑하고 악덕은 미워해야 한다.

정의로운 것 혹은 허용된 것, 금지된 것, 의무인 것, 자유로운 것은 선하고 현명한 사람에게 각각 가능한 것, 불가능한 것, 필연적인 것, 우연적인 것이다. 따라서 권리jus는 도덕적 잠재력이고, 의무obligatio는 도덕적 필연성이다. '왜냐하면 우리는 우리의 신앙심과 수치심을 해치는 일, 그리고 좋은 풍습에 완전히 어긋나는 일을 할 수 없다고 믿어야 하기 때문이다'(I, 15, 『학설휘찬』Digesta 조건과 증명에 관하여).[2] 그러나 'jus'라는 단어는

---

[1] 이 단편은 라이프니츠가 1678/79년에 법의 해석, 이유, 적용, 체계에 대해 연구할 때 작성한 단편 중 법의 이유에 대한 탐구에 포함된 일부분을 번역한 것이다. "정의와 자연법에 관하여"라는 『로마법대전』Digesta의 첫째 장과 제목이 같다. 이 단편은 라이프니츠의 정의와 자연법 이론의 핵심을 담고 있고, 정의 개념과 최고 등급의 자연법에 신과 종교가 필요한 이유를 확인할 수 있는 저작이다. 또한 그 당시 'jus'라는 단어가 여러 가지 의미를 가지고 있다는 것을 라이프니츠 스스로 언급하고 있어서 본 번역에서 왜 'jus'를 단순히 '법'으로 번역하지 않고 여러 우리말로 번역했는지도 알 수 있는 저작이다.

『학설휘찬』 I. 정의와 자연법에 관하여, 마지막에서 둘째 항과 마지막 항에 나타난 것처럼[3] 다양한 다른 의미를 가진다. 때로는 'jus'는 앞서 우리가 정의한 대로 권한facultas을 의미하기도 하고, 때로는 인간 사회를 지도하고 보존하는 올바른 이성 자체를 의미하기도 한다.[4] (이 제목에서 널리 통용되는 것으로 보이는) 'jus'의 의미는 자연법이거나 만민법 혹은 시민법일 것이다.

법학자들은 자연법Jus naturale을 '자연이 모든 동물에게 가르친 것'이라고 정의한다. 3항[5]과 '자연법, 만민법 그리고 시민법의 교육' 원리에서. 즉 사람이 올바른 이성에 따라 행동하는 것과 동물이 본능에 따라 행동하는 것은 같다. 여기에 남성과 여성의 결합, 자녀 양육, 폭력에 대한 저항이 포함된다. 그러나 1. 3항의 마지막 부분은 만민법을 가리키는 것으로 보인다. 만약 사람들이 이런 것들을 무시한다면, 그들은 짐승보다 더 나

---

2) 여기 출처 표기와는 달리 이 문장은 *Corpus Juris Civilis* 중 *Digesta*, 28, 7, 15에서 가져온 것으로 보인다.
3) 정확히 표기하면, *Digesta*, I. 1. de justitia et jure(정의와 [자연]법에 관하여), 11항과 12항을 말한다.
4) 이 부분에서 'jus'의 여러 가지 의미를 언급하고 있어서, 우리말로 번역하지 않고 그대로 원어를 썼다. 이렇게 읽는 것이 저자의 의도를 이해하기에 적절할 것이다.
5) *Digesta*, I. 1. 1. § 3. 3항은 다음과 같다. "자연법은 자연이 모든 동물에게 가르친 것이다. 이 법은 인류만의 것이 아니라, 땅과 바다에서 태어나는 모든 동물, 심지어 새들에게도 공통된 것이다. 여기에서 남자와 여자의 결합, 우리가 결혼이라고 부르는 것, 자녀의 출산과 양육이 유래한다. 우리는 다른 동물들, 심지어 야생동물들도 이 법을 알고 있다고 본다."

쁘다.

만민법Jus Gentium은 오직 올바른 이성이 인간에게 가르치는 것과 관련이 있다. 예를 들어 신에 대한 숭배, 부모와 조국에 대한 경건함, 시민사회, 그리고 인간이 인간에게 피해를 주는 것은 금지되어야 한다는 것 등이다.

시민법Jus civile은 국가가 승인한 것이다. 법학자들의 이런 구분은 내재적 차이에서 비롯된 것은 아니다. 왜냐하면 인간이 짐승과 공통점이 있는지 없는지는 아무런 문제가 되지 않으며, 이 문제에 있어서 짐승들 간에도 큰 차이가 있기 때문이다. 따라서 법의 가장 큰 구분은 하나는 자연법이고, 다른 하나는 합법적legitimum 법이거나 실증적positivum 법이라는 것인데, 이 후자의 법은 인정되지 않으면 효력이 없을 것이다.

[6] 우리를 정의롭게 행동하게 하는 세 가지 원리가 있다. 첫 번째 원리는 자기 자신의 유익utilitas propria이다. 즉 우리는 누구에게도 피해를 주지 않아야 한다. 그래서 우리는 우리가 해를 끼친 사람들이나 다른 사람들이 우리에게 해를 끼치도록 자극하지 않아야 한다. 그다음으로 우리는 할 수 있는 한 모든 사람에게 도움을 주어야 한다. 그러면 공통 이익이 역으로 우리에게 넘쳐 날 것이기 때문이다. 두 번째 원리는 인간성과 명예

---

6) 아카데미판 편집자는 라이프니츠가 이 문단에 테두리 선을 그려 강조했다고 전한다. 내용상으로도 자연법의 세 등급과 정의 개념을 이해하는 데 중요한 단편이다.

에 대한 감각이다. 왜냐하면 우리에게 아무런 위험이 없더라도, 우리는 다른 사람의 불행에 마음이 아프고, 다른 사람의 행복을 기뻐하기 때문이며, 우리는 덕에 합당한 보상이 뒤따른다는 것을 알기 때문이다. 그리고 정의 그리고 '좋은 사람'이라는 명사는 인간에 대한 인간의 이런 마음 상태로 이루어진다. 왜냐하면 첫 번째 원리에 따라서 행동하는 사람은 좋은 사람이라기보다는 용의주도prudens하고 교활callidus한 사람이라고 불리기 때문이다. "속임수를 희망하게 하라. 그러면 그는 세속적인 것과 신성한 것을 섞을 것이다."[7] 따라서 첫 번째 원리를 따르는 사람은 다른 사람들이 유용할 때에만 우호 관계를 추구하고, 두 번째 원리를 따르는 사람은 명예롭고 진실한 우호 관계를 추구한다. 모든 인간에게 이런 인간성에 대한 참된 감각이 내재되어 있기 때문에, 양심의 가책이 생겨나고, 잘못된 행동을 하는 인간은 자기 스스로 만족하지 못하게 되고, 내면에서 고통과 타격을 느끼게 된다. 이것이 자연적 처벌이다. 세 번째 원리는 종교이다. 많은 경우 인간성에 대한 감각과 양심의 자극이 무뎌지기 때문에 그때는 오직 자신의 유익만이 지배하게 된다. 그때 처벌을 피할 수 있다는 희망을 가지고 행동하는 다른 사람들로부터 인간을 충분히 보호할 수 없다. 그러므로 결국 자연법jus naturale의 최고의 완전함은 최고의 지성과 최고의 능력을 가진 실체이자 아무도 속일 수 없고 피할 수 없는 신에 대한 숭배에서 찾아야 한다. 따라서 유익한 것과 명예로운 것

---

7) Quintus Horatius Flaccus, *Epistolae*, I, 16, 54.

이 동일한 것이 되고, 처벌받지 않는 죄는 없으며, 어떤 훌륭한 행동이 헛되거나 보상받지 못하는 경우는 없다. 또한 지혜로운 사람에게 종교와 명예, 즉 덕에 대한 사랑은 동일한 것이다. 왜냐하면 그들은 행복하게 사는 법, 모든 일에서 완전함을 위해 노력하는 법, 우주에 대한 최선의 애정을 갖는 법, 모든 것을 최선으로 다스리는 최고의 작자의 섭리를 확신하는 법을 알기 때문이다. 이런 마음가짐을 가진 사람은 무엇보다 신을 사랑해야 하고, 그는 안전하고 행복할 수밖에 없다. 그는 신을 사랑하는 사람에게는 모든 것이 좋아진다는 것을 알고 있고, 좋은 사람들은 신의 친구가 된다는 것을 알고 있기 때문이다. 그러므로 그들은 보상과 처벌에 따라 움직이지 않더라도, 덕의 필연적 결과로 행복을 누린다. 실제로 지혜로운 사람의 덕은 영혼에 최고의 즐거움을 가져다주기 때문에, 그 자체로 보상이다. 하지만 만약 누군가 진정한 지혜에 도달하지 못한다면, 종교는 그의 명예에 무엇인가를 더해 준다.

법은 인간 사회의 완성에 관계된 것들에 대한 올바른 이성의 명령이며, 인간 사회의 가장 완전한 형태는 국가이기 때문에, 국가의 범위 안에서 국가 자체의 완성을 목표로 하는 법을 공법jus publicum이라고 부른다. 따라서 국가 밖에 공법의 자리는 없다. 나머지는 사법privatum이라 부른다. 즉 이 사법은 울피아누스[8]가 정의한 바와 같이 개인의 유익에 관한 것이다. 두

---

8) 도미티우스 울피아누스Domitius Ulpianus(170~228): 고대 로마 법학자.

국가 간에 거래가 이루어지더라도, 각 국가는 하나의 인격체와 같기 때문에, 사법의 자리는 있다. 그러나 여러 국가가 하나의 지배권으로 합쳐져 이전 국가보다 더 큰 새로운 국가를 형성할 때는 다르다. 또한 사법뿐만 아니라 공법도 자연법이거나 합법적 법이라는 것은 분명하다. 각 국가에서 적용되어야 하는 공통적인 어떤 공법이 있어야만 하기 때문이다.

시민법은 성문법이거나 관습법이다. 성문법은 문서로 도입되고 보존되고, 관습법은 묵시적 동의로 도입되고 사람들의 습관에 의해 보존된다. 그래서 관습법이 더 유효하다. 사람들은 다른 사람들의 칭찬과 비난을 통해 배운다. 이것은 자연법과 유사하다. 자연이 인간을 이끄는 것처럼 습관도 인간을 이끌기 때문에, 습관도 또 하나의 자연이다.

자연법의 세 가지 주요 명령은 명예롭게 살아라, 누구에게도 피해를 주지 마라, 각자에게 자신의 것을 주라는 것이다. 첫째, 명예롭게 살아라는 보편적 정의의 명령이다. 즉 모든 덕을 함양하는 것이다. 왜냐하면 사회에 이익이 되기 때문이다. 둘째, 누구에게도 피해를 주지 마라는 특수한 정의인 교환적 정의의 명령이다. 즉 기하학적 평등을 유지해 누구도 이전보다 적게 가지지 않도록 하고 누구도 이전보다 더 많이 가지지 않도록 하기 위한 것이다. 왜냐하면 사람들은 자신이 소유한

유스티니아누스 1세의 명령으로 편찬된 『로마법대전』 중 『학설휘찬』의 상당 부분이 울피아누스의 저서를 인용한 것이어서 로마법에 큰 영향을 미친 법학자로 알려져 있다.

재산에 관해서는 어떠한 차별도 없이 평등하게 여겨져야 하기 때문이다. 셋째, 각자에게 자신의 것을 주라는 분배적 정의의 명령이다. 이것은 개인에게 분배되어야 하는 공공재에 관한 것인데, 이때 각 개인의 공로와 공공의 유익을 고려하는 것이 중요하다.

도덕과 정치에서 타인의 입장[1]

타인의 입장은 도덕뿐만 아니라 정치에서도 균형 잡힌 시각을 가질 수 있는 아주 좋은 지점이다. 예수그리스도의 가르침, 즉 다른 사람의 입장이 되어 보라는 것은 우리의 주님이 말씀하신 목적, 즉 도덕적으로 이웃에 대한 우리의 의무를 알기 위한 것뿐만 아니라 정치적으로 우리의 이웃이 우리에게 가질 수 있는 의도를 알기 위한 것이기도 하다. 우리가 다른 사람의 입장이 되어 보거나 적대적이거나 의심스러운 왕의 고문과 장관인 척할 때보다 그 의도를 더 잘 이해할 수 있는 방법은 없다. 그렇게 하면 그가 무엇을 생각하고, 시행할 수 있을지, 그리고 사람들이 그에게 무엇을 조언할 수 있을지 생각하게 된다. 이 가상 상황은 우리의 생각을 자극하고, 다른 곳에서 무슨 일이 일어나고 있는지 정확하게 추측하는 데 수없이 많은 도움을 주었다. 사실은 이웃이 내가 생각한 것만큼 그렇게 악한 의

---

[1] 원어는 프랑스어이다. 이 단편은 라이프니츠가 형평의 자연법을 설명할 때 강조한 타인의 입장에 서 보라는 내용을 단독으로 담고 있어서 번역했다. 아카데미판 편집본을 번역했는데, 라일리의 영어 번역("Notes on Social Life", pp. 81-82)을 참고했다. 그런데 라일리의 번역은 G. Grua, *Textes Inedits* 2, 1978, pp. 699-701을 원문 삼아 번역된 것이고, 그루아의 책에는 포함되어 있는 후반 세 문단이 아카데미판에는 편집되어 있지 않다. 하지만 내용상 연결된다고 봐서 그 세 문단을 포함해 번역했다.

도를 가진 사람이 아닐 수 있거나, 그렇게 통찰력이 있는 사람이 아닐 수도 있다. 하지만 정치에서 가장 안전한 것은 최악의 상황을 가정하는 것이다. 즉 예방 조치를 취하고 자신을 방어하는 것이다. 다른 사람에게 해를 입히고 공격하는 것에 관한 문제에서는 도덕적으로 최선을 취해야 한다. 그렇지만 사람들이 두려워하는 해악이 클 때, 즉 안전과 보증의 요구가 그 해악보다 더 큰 해악들을 초래하지 않을 때, 도덕조차도 이런 종류의 정치를 허용한다. 그리고 자연법에는 미발생 손해에 대한 보증actio damni infecti[2]이라는 것이 존재한다. 따라서 교환적 법학 혹은 보존적 법학이라고 부르는 법학, 즉 각자가 소유한 것을 보존해 주는 법학이 이것을 지지한다.

새록 씨는 '사람들이 당신에게 행하기를 당신이 원하지 않는 것은 타인에게 행하지 말라'는 도덕의 원리가 절대적 진리라고 믿지 않는다.[3] 라이허[4] 씨는 그의 노트 127쪽에서 그리고 푸펜도르프는 『자연법과 만민법에 관하여』 5권 13장에서 이것을 지지한다.[5] 그러나 그들은 『양심의 사례』 3권, 1장, 6항에 나타난 아메시우스의 견해에 따라[6] 이 원칙을 거짓된 자

---

[2] 이 용어는 손해가 발생할 가능성에 대비해 보증을 제공하는 것으로 로마법에서 사용된 법률 용어이다. *Corpus juris civilis, Digesta*, 39, 2, 7.

[3] R. Sharrock, *De officiis secundum naturae jus*, Oxford, 1660.

[4] 사무엘 라이허Samuel Reyher(1635~1714): 17세기 독일 수학자, 천문학자, 킬Kiel 대학 교수. 라이프니츠가 여기서 언급하는 책은 *Animadversiones in Rob. Sharrok de officiis secundum ius naturae*, Gotha, 1667, p. 903.

[5] S. Pufendorf, *De Jure Naturae et Gentium lib. VIII*, 1672.

기애에 물들지 않고 신의 명령과 합법적 권력에 복종하는 규범적 의지로 이해해야 한다고 덧붙인다. 푸펜도르프는 이를 '다른 사람들을 우리와 동등하게 대하라'는 법과 연관해 설명한다. 이는 해당 문서의 끝부분, 5에 나온다. 스트리메시우스 씨의 「제일 도덕 원칙에 관한 논문」, 18항, 『도덕의 기원』을 참조하라.[7] 그러나 이런 큰 제한이 필요해지고 의지를 검토해 원리의 유용성이 무엇일지 알아볼 필요가 생기면, 그것은 더 이상 징표로 사용되지 않게 되고 다른 징표가 필요하게 된다. 따라서 타인의 입장이 정치에서도 도덕에서도 그렇게 하지 않았으면 우리에게 주어지지 않았을 고찰들을 우리가 발견하는 데 도움을 주는 적절한 입장이라고 말할 수 있다. 그리고 우리가 타인의 입장에 있을 때, 부정의한unjust 것으로 여겼던 모든 일은 우리에게도 부정의injustice가 의심되는 것으로 보여야 한다. 그리고 우리가 그 입장에서 원하지 않을 모든 것은 그것을 더 면밀하게 검토하기 위해 우리를 멈추게 해야 한다. 그러므로 원리의 의미는 다음과 같다. 사람들이 당신에게 행하지 않기를 원하는 일을 쉽게 행하지 마라. 혹은 사람들이 당신에게 거절하지 않기를 원하는 일을 쉽게 거절하지 마라. 다른 사람의 입장에 서서 이 원리를 더 면밀하게 생각해 보라. 그러면 당신이 행한 것의 결과를 이해하는 데 적합한 고찰들을 얻을 것이

---

6) G. Amesius, *De conscientia, et eius iure vel casibus, Lib. V*, Amsterdam, 1654.

7) S. Strimesius, *Origines morales*, Frankfurt (Oder), 1679, p. 904.

다. 또한 다른 사람들의 입장에 있을 때, 우리가 가지게 될 의지가 부정의할 수 있는데, 예를 들어 대가를 치르고 싶지 않은 의지와 그때 사람들이 내리게 될 판단을 구분할 수 있다. 왜냐하면 우리는 항상 대가를 치러야 한다는 것을 인정해야만 하기 때문이다. 의지는 판단보다 낮은 징표이다. 하지만 그 둘 모두 진리에 대한 확실한 징표가 아니며, 단지 우리를 멈추게 하고, 우리의 주의를 환기하며, 다른 사람에게 생겨날 일의 결과와 피해의 크기에 대해 이해하는 데 도움을 줄 뿐이다.[8]

항상 사람들의 선한 면을 보아야 한다. 그들과 함께 어떤 사업을 시작해야만 할 때를 제외하고. 왜냐하면 그때는 미리 경계하는 것이 합리적이기 때문이다.

우리가 명령하는 사람들에게 쓸모없고 불필요한 명령을 주지 않도록 주의해야 하며, 그들이 스스로 판단해야 할 것들을 너무 세세하게 설명하지 않도록 해야 한다. 그렇게 하면 그들의 마음이 이완되어, 명확하게 명령된 것 외에는 아무것도 할 필요가 없다고 생각하게 된다.

그리 중대하지 않은 문제에서 어떤 사람이 우리에게 피해를 입히는 것을 허용하는 것이 때로는 유용하다. 왜냐하면 만약 어떤 중요한 인물이 그 일에 개입되어 있으면, 이것은 그에게 어떤 다른 상황에서 (그의 본성이 선하다면) 우리에게 어떤 이로운 것을 행할 가능성을 제공할 것이기 때문이다. 그리고 사

---

[8] 아카데미판 편집본은 여기서 끝난다. 다음 부분은 그루아의 편집본을 번역한 라일리의 영어본에 있는 내용이다.

람들은 후자의 상황이 전자의 상황보다 우리에게 더 중요하다는 식으로 일을 처리할 수 있다.

공동체의 구분[1]

정의Gerechtigkeit는 공동체의 덕 혹은 공동체를 유지하는 덕이다.

공동체는 공통의 목적을 가지고 있는 다양한 사람들의 연합이다.

자연적 공동체natürliche Gemeinschaft는 자연이 원하는 것이다.

사람들로 하여금 자연이 어떤 것을 원한다는 결론을 내리게 하는 징후는, 첫째 자연이 우리에게 욕망을 주고, 이를 충족할 수 있는 힘이나 도구를 줄 때이다. 왜냐하면 자연은 헛된 일을 하지 않기 때문이다. 무엇보다 그 일이 필수적이거나 지속적인 이익이 있을 때이다. 자연은 항상 최선을 추구하기 때문이다.

---

[1] 이 저작의 원어는 독일어이다. 이 저작은 고트샬크 에두아르트 구라우어Gottschalk Eduard Guhrauer가 1838년 출판한 *Leibniz's Deutsche Schriften* 첫 번째 권에 "자연법에 관하여"Vom Naturrecht라는 제목으로 수록되어 알려졌고 이에 따라 여러 언어로 번역되었다. 하지만 내용상 자연법을 다루는 글이라기보다는 자연적 공동체를 구분하고 분류하는 내용이라서 아카데미판 편집자의 제목을 따랐다. 공동체 혹은 사회의 형태를 구분하고, 각 공동체나 사회가 어떤 식으로 형성되고, 그 공동체의 자연법은 무엇인지를 다루는 것은 근대 자연법 철학에서 매우 중요한 지점이다. 다음의 영어 번역을 참고했다. *Leibniz Political Writings*, pp. 77-81. *Philosophical Papers and Letters*, pp. 428-430.

가장 완전한 공동체는 일반적 행복과 최고의 행복을 목적으로 하는 공동체이다.

자연법Natürliche Recht은 자연적 공동체를 유지하거나 증진하는 법이다.

첫 번째 자연적 사회natürliche Gesellschaft[2]는 남자와 여자 사이에서 나타난다. 왜냐하면 그것은 인류를 보존하는 데 필요하기 때문이다.

두 번째는 부모와 자식 간에 나타난다. 이 두 번째는 첫 번째에서 바로 생겨난다. 일단 자식들이 태어나거나 자발적으로 입양되면, 그들은 양육되어야 한다. 즉 통제하고, 먹이고 키워야 하기 때문이다. 반면에 자식들이 일단 양육되면, 그들은 부모에게 순종해야 하고, 도움을 주어야 한다. 이런 순종의 희망 속에서 공동체가 유지되고 증진되는데, 자연이 이런 공동체를 원하는 것은 우선적으로 자식들을 위해서이고, 자식들이 완전함에 도달하도록 하기 위해서이다. 부모는 주로 자식들을 위해 존재하며, 현재는 오래 지속되지 못하지만 미래를 위한 것이다.

---

[2] 라이프니츠는 독일어 'Gemeinschaft'와 'Gesellschaft'를 모두 사용하고 있는데, 우리말로 각각 '공동체'와 '사회'로 구분하여 번역했다. 라이프니츠가 특별히 다른 의미를 부여해 두 단어를 구별해 사용하는 것 같지는 않다. 보통 독일어에서도 특별한 구별 없이 혼용하기도 하지만, 사회학적 구별에 따르면, 'Gemeinschaft'는 가족이나 친구처럼 자연적 유대와 친밀 관계에 기반한 공동체를 가리키고, 'Gesellschaft'는 국가나 조직, 협회처럼 이해관계나 계약 관계에 기반한 사회를 가리킨다.

세 번째 자연적 공동체는 주인과 노예 사이에서 나타난다. 이 공동체는 자연에 따라, 한 사람이 지성이 부족하지만 그 자신을 양육할 힘이 부족하지는 않을 때 발생한다. 그런 사람은 본성적으로 노예이므로, 다른 사람이 그에게 지시하는 대로 일해야 하고, 그 대가로 생계를 유지한다. 나머지 잉여분은 주인의 것이다. 노예의 모든 것은 주인으로 말미암아 존재하는데, 다른 모든 힘은 오로지 지성으로 말미암아 존재하기 때문이다. 이제 지성은 주인에게 있지만 다른 힘은 노예에게 있다.[3] 이런 노예는 주인을 위해 존재하므로, 주인에게는 자신을 위해 노예가 못쓰게 되지 않도록 노예에게 생계를 유지해 주어야 할 의무만 있다. 노예가 지성을 획득할 수 있는 희망이 없을 때, 이것은 이해될 수 있을 것이다. 그렇지 않으면, 주인은 노예의 행복에 필요한 만큼 교육을 통해 노예의 자유를 증진할 책임이 있을 것이기 때문이다.

진실을 고백하자면, 나는 노예가 전적으로 주인을 위해 존재하는 그런 노예 상태의 사례가 있을 수 있는지 의심스럽다. 특히 영혼은 불멸하고, 그래서 영혼이 언젠가 지성을 얻어 저 삶의 행복을 누릴 수 있기 때문이다. 그래서 나는 이런 사회가 인간과 가축 사이에만 존재한다고 생각한다. 아무리 한 사람이 정말로 어리석게 태어나서 어떤 교육도 불가능할지라도, 우리에게는 그를 우리의 이익을 위해 고문하거나 죽이거나 혹은 그

---

[3] Aristoteles, *Politica*, I, V, 1254a[『정치학』, 천병희 옮김, 숲, 2014, 27-28쪽] 참조.

를 야만인들에게 팔 권리가 없기 때문이다. 그러나 영혼이 사멸한다면, 이 노예 상태는 때때로 거의 가축처럼 어리석은 전체 민족들 사이에서 발생할 수 있을 것이고, 그런 어리석음을 이용하는 주인의 이익을 위해 유지될 수 있다. 물론 자식들을 가축보다 나아지지 않을 정도로 키우는 것은 쉽다. 이제 여기서 무신론자들도 받아들여야 하는 정의의 일반 규칙을 배우기 때문에, 그런 노예 상태가 존재한다면, 사람들은 인간의 자연적 노예 상태를 논할 수 있다. 물론 그런 노예 상태가 인간들 사이에서 엄격하게 용인되지 않더라도, 때때로 자연에 부합하는 그와 유사하고 거의 그것에 버금가는 것이 여전히 존재한다. 요약하자면, 신을 두려워하는 규칙들에 의해 제한되지 않는 한, 자연적 노예 상태는 비지성적인 인간들을 상대로 발생한다.

네 번째 자연적 공동체는 앞에서 언급한 사회의 일부 혹은 전부로 구성된 가정이다. 가정의 목적은 일상적인 필요를 충족하는 것이다.

다섯 번째 자연적 공동체는 시민 공동체다. 그 구성원들은 때로는 한 도시에 함께 살고, 때로는 시골에 흩어져 산다. 이 공동체의 목적은 현세의 번영이다. 작으면 도시라고 불리지만, 한 지역은 여러 도시로 이루어진 공동체이다. 그리고 하나의 왕국 혹은 대영지는 여러 지역으로 이루어진 공동체이다. 그들 모두는 더 빨리 행복에 도달하고 여기서 안전하게 머물기 위해 모인 것이다.

여섯 번째 자연적 공동체는 신의 교회다. 이것은 아마도 계시 없이도 인간들 사이에 존재할 수 있고, 경건하고 성스러운 인간들에 의해 보존되고 확산될 수 있다. 이 공동체의 목적은 영원한 행복이다. 그리고 내가 이 신의 교회를 자연적 사회na-türliche Gesellschaft라고 부르는 것이 놀라운 일은 아니다. 왜냐하면 자연종교와 불멸에 대한 욕망이 우리에게 심어져 있기 때문이다. 이 성인들의 공동체는 가톨릭 공동체이거나 보편적 공동체이고, 인류 전체를 하나로 묶는다. 만약 계시가 더해지면, 이전의 결속은 끊어지지 않고 강화된다.

사회의 구분

사회 혹은 공동체의 구분:

모든 사회는 평등한 사회이거나 불평등한 사회이다. 한 사람이 다른 사람이 가진 것만큼 권력을 가질 때, 평등한 사회이고, 한 사람이 다른 사람을 지배할 때, 불평등한 사회이다.

모든 사회는 제한되지 않은 사회이거나 제한된 사회이다. 제한되지 않은 사회는 삶 전체와 공동선에 관심을 갖는다. 제한된 사회는 특정한 목적을 갖는데, 예를 들면 무역, 상업, 항해, 병역, 여행 등이다.

제한되지 않은 평등한 사회는 진정한 동료들 간에 존재한다. 그리고 그런 사회는 특별히 부부 간에, 부모와 성장한 자식들 간에, 주인과 자유민 간에 그리고 일반적으로 각자가 서로에 대해 충분히 알고 있는 모든 지성적 인간들 간에 존재한다.

제한되지 않은 불평등한 사회는 통치자와 신하들 간에 존재한다. 그런 통치는 개선을 위해 일어나거나 아니면 보존을 위해 일어난다. 개선을 위한 것이라면, 부모와 자식 간에 실제로 발생하고 또 우리와 우리가 자식으로 받아들이거나 양육한 사람들 간에 발생한다. 그들은 모든 복지를 우리에게서 얻고, 오직 우리의 통제 아래에 있는 사람들이다. 이것은 선생과 학생 간에는 발생하지 않는다. 왜냐하면 학생은 선생에게 오직 특정한 정도나 방식으로만 종속되기 때문이다. 하지만 우리는 여기서 삶 전체와 복지를 목적으로 하는, 제한되지 않은 공동체에 관해 이야기하고 있다. 어리석은 인간들은 어른이 된 아이들이다.

그러나 그런 통치가 보존을 위한 것이라면, 주인과 노예 간에 존재하고, 주인이 노예의 복지를 보장하고, 그 대신 노예는 주인의 통치에 복종하는 것으로 한다.

이 모든 사회는 단순 사회이거나 복합 사회이며, 적은 사람들 사이에도, 많은 사람들 사이에도 존재한다. 따라서 모든 제한되지 않은 사회 혹은 생활 사회Lebensgesellschaft는 특정한 지점으로 나눌 수 있다. 즉 교육과 학습, 통치와 복종, 그리고 끝으로 우호와 협력, 원조 등으로 나눌 수 있다.

어느 정도 교육을 받은 아이들은 힘이 닿는 한, 부모에게 복종해야 하고, 이해할 수 있게 되면, 부모에게 우호와 도움을 제공할 의무를 갖게 된다. 그들의 교육이 완전히 끝나지 않았더라도 말이다.

남자와 여자는 자연에 의해 우호와 생활 지원을 위해 특별한 방식으로 서로 연결되어 있다.

서로에 대해 알고 있는 부모와 자식 그리고 또 친척들도 대개 마찬가지다. 서로를 알고 있는 것은 우호의 일부이기 때문이다. 교육받은 사람들은 교육할 수 있고 또한 지배받더라도 지배할 수 있다. 하지만 이 경우에 복종이 있어야 한다.

모든 제한되지 않은 사회는 안녕을 목표로 하지만 그 사회들이 항상 안녕하지는 않다. 그래서 더 많은 사람들이 모여 더 크고 더 강한 공동체를 만들어야 한다. 따라서 가정, 가문, 마을 사람들, 수도원, 수도회, 도시, 지역, 그리고 마지막으로 인류 전체도 신의 영역 아래에서 하나의 공동체를 이룬다.

세상의 모든 것이 가장 완전한 방식으로 정리되어 있다면, 우선적으로 부모, 자식 그리고 친척이 가장 좋은 친구가 될 것이다. 그리고 모든 가족이 특정한 생활 방식을 선택하고, 그들의 모든 것을 그들의 생활 방식에 맞추어 정리하고, 그 방식을 유지하며, 그들의 일을 완벽하게 하고, 그들의 자녀를 같은 직업을 가진 사람들끼리 결혼하도록 교육하고, 그 교육을 통해 정말로 부모와 하나가 된 것 같을 것이다. 이런 가문들은 길드나 계급을 형성할 것이다. 이들로부터 도시가 만들어지고, 이런 도시들이 합쳐져 지역이 나타나고, 결국 모든 나라는 신의 교회 아래에 있게 될 것이다.

만민 외교법 서문[1]

이 작품의 목적은 제목과 친구에게 보낸 서신에 첨부한 것[2]에서, 그리고 특히 외교 문서의 색인에서 분명하게 나타난다. 그렇지만 공문서acta publica의 실제 용도에 대해 더 정확하게 언급하기 위해, 그리고 우리의 법령집에서 어떤 것을 기대할 수 있는지 사례를 통해 보여 주기 위해, 동시에 참된 자연법과 만민법jus naturae gentiumque[3]의 원천을 보여 주기 위해 좀 더 풍부

---

1) 이 저작의 원어는 라틴어이다. 이 저작은 정의가 '지혜로운 사람의 박애'이며 보편적 정의를 위해서는 지혜가 필요하다는 라이프니츠의 정의 이론이 잘 나타나는 중요한 저작이다. 이 번역은 원문 가운데 불필요한 부분을 제외하고 번역한 것이다. 이 서문은 영어와 프랑스어 번역이 있는데 그들도 서문 전체를 번역하지는 않았다. 각각 다음의 책을 참고했다. *Leibniz Political Writings*, pp. 165-176. *Le Droit de la Raison*, pp. 156-169.

2) 라이프니츠는 만민법에 관한 서신 교환에서 '친구에게 보낸 서신'Epistola ad amicum이라는 표현을 사용하여 특정한 문건을 지칭하는데, 이것은 아카데미판의 다음 글을 가리킨다. Excerpta ex Epistola VI. Calendarum Martii(1693): A IV, 5, 28-32.

3) 'jus gentium'(만민법)은 'jus civile'(시민법)와 대비되는 용어이다. 시민법은 로마의 시민들에게 적용되는 법을 가리키고, 만민법은 로마제국 내에 이민족들 간에 혹은 로마 시민과 이민족 간에 적용되는 법을 가리킨다. 도시국가에서 시작된 로마는 정복 활동이 활발해지면서 점차 대제국으로 발전했고, 이 과정에서 복속된 이민족들 및 여러 도시 국가들과의 교류, 거래에서 로마 시민법이 적용되지 않는 영역이 발생해 로마제국 내에 로마 시민이 아닌 이민족에 대한 법이 제정되었다. 라틴어 'gens'는

한 서문을 앞에 붙이는 것이 적절할 것으로 보인다. 리산드로스Lysandros가 정말로 오래전에 아이들은 호두를 가지고 놀고, 늙은이들은 서약을 가지고 논다고 말한 적이 있다.[4] 하지만 오늘날 많은 사람들은 통치자는 집에서는 카드를 가지고 놀고, 공적인 일에서는 조약을 가지고 논다고 말하는데, 이렇게 말하는 것이 잘못은 아닐 것이다. 우리가 정당하게 비난하는 것은, 경솔함이나 탐욕으로 계약을 파기하는 경우이다. 그러나 때로는 다른 사람의 신의가 정당하게 의심스러워지고, 미발생 손해에 대한 보증cautio damni infecti[5]이 전혀 준비되어 있지 않을 때는 좋은 사람들도 변해야 한다. 시민론Elementa de Cive을 쓴

이방인, 외국인, 이교도라는 뜻을 가지고 있어서 애초의 제정 목적으로 읽으면 'jus gentium'은 '이민법'이라고 할 수 있다. 하지만 로마가 점차 대제국을 이루면서 'jus gentium'이 모든 민족에게 공통적으로 적용될 수 있는 법이라는 점이 부각되었고, 그 점에서 '만민법'으로 보는 시각이 생겨났다. 그러면서 만민법이 공통의 자연적 이성의 원리를 따른다는 관점에서 만민법을 자연법으로 보는 관점도 생겨났다. 키케로와 가이우스Gaius는 시민법과 만민법을 구별했지만, 자연법과 만민법을 동일시했다. 하지만 울피아누스는 만민법과 자연법을 구분하여 만민법은 모든 민족에게, 모든 인간에게 공통적으로 적용되는 법이지만, 자연법은 인간의 자연적 본능이나 습관 같은 것으로 보았다. 그래서 울피아누스의 구분에 따르면 노예제는 만민법에서는 허용되지만 자연법에는 반하는 것이다. 현재 만민법은 국가 간의 일을 처리하는 데 적용되는 법, 국제법으로 이어져 사용되고 있다. 라이프니츠는 이 저작 후반에 만민법과 자연법을 국제법과 같은 의미를 갖는 것으로 쓰기도 했다.

4) Plutarchus, *Lysander*, 8, 4. 리산드로스(?~B.C. 395): 고대 그리스 스파르타의 정치가이자 펠로폰네소스전쟁 말기에 활약한 장군이다.
5) *Corpus juris civilis, Digesta*, 39, 2, 7.

매우 날카로운 작가는 서로 상이한 국가들과 민족들 간에는 끝없는 전쟁이 존재한다고 판단했다.[6] 이 주장이 해를 입힐 권리를 이야기하려는 것이 아니라 현명하게 사전에 경계할 것을 이야기하려는 것이라면 전적으로 터무니없는 것은 아니다. 이렇게 해서 매우 강력한 적과의 평화는 두 검투사의 숨 돌림 틈과 같은 것이 되고, 때로는 휴전협정조차 가치가 없을 수 있다. 그래서 우리 시대에 평화가 찾아온 직후에 휴전협정을 맺었다는 거의 어처구니없는 일이 발생한다.[7] 이것은 마땅히 반대로 되었어야 한다. 왜냐하면 휴전을 필요로 하는 평화가 어떤 것인지 판단하는 것은 어렵지 않기 때문이다. 불리한 조건이 강요되면, 패자들의 수치심을 유발하고 승자의 욕구를 더욱더 자극한다는 것은 의심의 여지가 없다. 그래서 네덜란드의 기품 있는 익살꾼은 자신의 집 앞에 영구 평화pax perpetuus라는 표지를 그 민족의 방식으로 내걸고 난 후 이 훌륭한 제목 아래에 묘지 그림을 덧붙였다. 그곳에서는 죽음이 곧 평화를 가져오기 때문이다. 그리고 이 일에 대해 잘 알고 있는 아이체마Lieuwe van Aitzema는 심지어 그의 묘비명에서도 이 생각에 대해 다음과 같이 증언한다.

---

[6] Thomas Hobbes, *De Cive*, Ch. 1, 12, Ch. 10, 17. Ch. 13, 7.
[7] 라이프니츠가 가리키는 것은 1684년 신성로마제국이 프랑스와 20년간 유지하기로 하고 맺었던 레겐스부르크Regensburg 휴전이다. 1678년 네이메헌Nijmegen 평화조약을 맺은 이후에도 프랑스는 1683~84년에 재결합 전쟁을 일으켜 스트라스부르Strasbourg와 현재 독일의 일부 지역을 점령했다. 레겐스부르크 휴전은 이 재결합 전쟁을 종결할 휴전이다.

평화와 자유를 찾아 길을 떠나는 나그네여, 저 묘지 아래가 아니면 어디에서도 그것을 발견하지 못할 것이다.[8]

이것이 곧 인간사의 상태이다. 그리고 지역적 상황이나 시기적 상황으로 인해 군주는 계속해서 전쟁을 해야 하고, 그러면서도 또 항상 평화조약을 논의해야 하는 일이 흔하게 발생한다. 대륙을 잃어버린 영국이 그 자리를 스페인에게 넘겨주고 활동 무대를 떠나기 전까지 프랑스와 영국은 2, 3세기 동안 서로 아무런 교섭도 하지 않았다. 우리는 같은 일이 나중에 찰스 5세 황제와 프랑스의 왕 프랑수아 1세 사이에도 일어났다는 것을 알 수 있는데, 그 두 나라 간에는 너무나 많은 조약이 존재해서 그들이 전쟁할 시간이 없었을 것이라고 믿을 정도이다. 하지만 너무나 많은 적대적 행위가 기록되어 있어서 그들이 결코 평화를 이루지 못한 것으로 보인다. 이 분야의 연구에서 탁월한 한 사람이 최근에 한 외교관이 한 말을 가르쳐 주었는데, 그것은 평생 협상을 하느라 바빴던 위대한 군주에 관한 말이다. 매우 재치 있는 말이지만 그 모두를 라틴어로 옮길 수가 없다. 그가 말하길, "이 군주는 화려하게 살아야만 한다. 왜냐하면 그는 계속해서 협상하고 있기 때문이다." 확실히 프랑스는 오늘날의 통치 기술 중에서 일격을 가하자마자 즉시

---

8) 리우어 판 아이체마(1600~69): 네덜란드의 역사가, 외교관. 이 묘비명은 그의 작품, *Saken van Staet en Oorlogh in ende omtrent de Vereenigde Nederlanden*, 6, 2에 나타난다.

평화를 논의하는 방식을 취한다. 그렇게 해서 전쟁의 이익을 얻는 동시에 평화로운 마음에 대한 찬사도 얻으려고 힘쓴다.

아마도 법률서와 협약서를 발표한 사람이 종이 문서 묶음의 허약함을 서두에서 말하는 것에 놀랄 사람이 있을 것이다. 그리고 그는 다른 일들이 통치자에 의해 비밀리에 행해지고 있다는 것을 알게 되면, 공문서의 평판이 떨어진다고 판단할 것이다. 하지만 나의 의도는 실상이 어떤 것인지 드러내 놓고 말하고, 사안의 참된 가치를 세우는 것이다. 말하자면 각각 중요성이 다른 여러 가지 문제가 있는데, 먼저 무엇이 행해졌는지, 그리고 어떤 의도로 행해졌는지가 문제이다. 그다음 드러난 것에서 감추어진 것을 예측하고, 나타난 현상의 근거를 찾아내기 위해 현상이 관찰되어야 한다. 그래서 나는 두 종류의 역사가 있음을 기꺼이 인정한다. 하나는 공적publicus 역사이고 다른 하나는 비밀arcanus 역사 혹은 (프로코피우스Procopius의 말로) 비사秘史, Anecdotum[9]이다. 이것은 흐로티위스가 전쟁의 이유causae bellorum에 두 종류가 있음을 인정한 것과 마찬가지다. 그는 그것을 '정당화해 주는'jusitificas 이유와 '설득하는'suasoritas 이유라고 불렀다.[10] 그렇지만 내 판단으로는 이 설득하는 이유에도 다시 두 종류, 즉 유익utilitas이 이유인 것과 감정affectus이 이유인

---

9) 프로코피우스(500~565): 6세기 동로마제국의 역사가. 페르시아전쟁, 반달 전쟁, 동고트 전쟁 등을 담은 전쟁사(*De bellis*)로 유명하다. 'anec-dotum'은 유스티니아누스와 테오도라Theodora에 대한 비사를 쓴 저작, *Historia arcana*[『비밀 역사』]에서 가져온 말이다.

10) Hugo Grotius, *De jure belli ac pacis*, Bk. II, Ch. I, 1. Bk. II, Ch. XXII, 1.

것으로 나누어진다. 진정한 조언이 항상 우세한 것은 아니며, 종종 왕이 왕으로서 행동하기보다는 사람으로서 행동하고, 사소한 계기로 중대한 일들이 바뀌기 때문이다. 역사에도 마찬가지로 두 종류의 규칙이 있다. 하지만 이 두 규칙이 각 종류의 역사에서 똑같이 준수될 수는 없다. 왜냐하면 공적 역사에서는 거짓을 말하지 않아야 하지만, 비밀 역사에서는 진실을 말하지 않을 수 없기 때문이다. 그래서 공적 역사는 한쪽 다리가 불편한 것처럼 보인다. 하지만 사물의 이치가 그것을 요구한다. 그리고 법정 논쟁에서 소송인과 변호사는 판사 앞에서 많은 일을 하지만, 그런 일은 어디에도 기록되지 않고 법령에 포함되지도 않는다. 때로는 여성의 아첨과 금의 광채가 법과 증거들보다 더 영향력이 있는 경우가 있기 때문이다. 마찬가지로 권력자의 행위와 사건의 원인 중에서 많은 것들이 숨겨져 있다. 특히 사소한 것과 관찰되지 않는 것이 예상보다 더 큰 영향을 미친다. 그래서 악의적으로 보고되거나 조작된 말은 때로는 군주와 신하의 마음을 상하게 하고, 깊은 상처를 남긴다. 그러므로 증오와 복수심이라는 숨겨진 충동이 채색되어 모습을 드러낸다. 그리고 관대한 마음이 종종 큰일을 일으키기도 하는데, 그것은 단지 내가 모르는 사이에 그 마음속에 끌어들이려던 것을 물리치기 위해서이다. 또한 군주가 밤에 잠을 잘 자지 못하면, 그로부터 그는 정상이 아닌 현재의 정신적, 신체적 상태에서 미숙한 결정을 하는 경우가 있고, 오래지 않아 그의 자손들까지 수없이 많은 불행의 대가를 치르게 된다. 때때로 여성의 무력함이 남편이나 연인을 충동질하고, 신하의 감정이 주군에게 전염되는 일은 더 빈번하다. 그리고 인정해야 할 것은,

연극 무대에서 기계장치가 드러나 보이는 것이 보기 흉한 것처럼 역사도 그것의 참된 원인이 항상 분명하게 밝혀지면, 언젠가는 어느 정도의 아름다움을 잃을 것이고, 영웅들은 가끔 어린아이 같은 열정을 가지고 행동하거나 여성에 대한 욕망으로 혹은 심지어 노예적 탐욕으로 행동하는 것처럼 보이리라는 것이다. 사실 우리는 인간의 행동을 읽지 신의 행동을 읽지 않는다. 그리고 그들 자신의 영광을 위해서 그리고 후대를 위한 기록을 위해서도 많은 행동들이 신중하게 행해졌고, 또 용감하고, 지혜롭게 행해졌다는 사실이 남아 있는 것으로 충분하다. 때로는 잘못된 사례들은 무시하는 것이 더 나을 때도 있다. 따라서 군주에 관한 불명예스러운 일이나 더 은밀한 일에 대해 이야기를 전하는 사람들을 쉽게 믿어서는 안 된다. 그런 일은 소수의 사람만 알 수 있고, 또 알게 된 사람도 기꺼이 역사적 기록에 남기지 않는다. 그러나 사람들은 아첨하는 사람들에게는 별로 믿음을 주지 않지만 풍자 글을 쓰는 작가들에게는 지나치게 귀를 연다. 그리고 인간을 실제보다 더 악하게 묘사하는 역사가들이 있다. 그들은 재주껏 꾸민 허구임에도 마치 그들이 그 자리에 있었던 것처럼 이야기하는데 인간의 악의와 권력자들에 대한 은밀한 질투심이 그들의 권위를 만든다. 여기에 서로 간에 적대시하는 민족의 열정이 더해진다. 그리고 나는 프랑스인들 사이에 샤를 5세와 페르디낭 왕 그리고 필립 왕에 대해 어리석게도 많은 이야기들이 꾸며지고 믿어지고 있는 것을 본다. 제멋대로 쓰여 역사 속으로 스며든 그 허튼소리들이 무엇인지 나는 알지 못한다. 반면 독일인들과 스페인 사람들은 루이 13세를 경멸하는 이야기들을 기꺼이 믿었다. 그리고 리

쉴리외Armand Jean du Plessis Richelieu 장관과 마자랭Jules Mazarin 장관에 관해서는 거의 인간의 이해를 넘어서는 악의적 이야기를 믿었다. 루이 13세도 그렇게 보잘것없는 사람이 아니었지만 저 두 신하도 한편으로 그렇게 많은 능력을 갖고 있지 않았다. 그러므로 역사를 위대한 인물의 기록이나 공문서 위에서 세우지 않으면, 역사는 매우 신뢰하기 어렵다.

그래서 공문서집Actorum Publicorum Tabulae은 역사의 가장 확실한 부분이며 화폐와 기념비의 인각처럼 확실한 사실이 후대에 전해지는 것이다. 인쇄술의 발명으로 사람들은 돌이나 금속보다는 종이를 더 믿을 수 있게 되었다. 고대의 협약들과 법령들이 동판이나 돌에 새겨져 있어도 얼마나 많이 소실되었는가? 아룬델Arundel의 대리석[11]이나 다른 대리석 조각들에는 협약과 법령이 얼마나 적게 보존되었는가? 하지만 인쇄술이 발명된 이후 복제가 쉬워지자 가벼운 종이를 더 많이 찾게 되었다. 또한 동맹 협약서, 평화 협약서, 승인 협약서는 마치 말뚝과 같아서 역사의 건축물 대부분을 지지하거나 없애 버린다. 수많은 헛된 전쟁을 치르고, 수많은 피를 흘리고, 정치적 기교를 다 소모하고 난 후, 전쟁의 과실이 평화로 나타난다. 누가 얼마나 많이 성취했는지는 전투와 점령보다는 평화 협약에서 드러난다. 경기가 끝나고 각자의 이익이나 손해가 계산된 후에야 결과가 명확해진다. [⋯⋯]

---

11) 아룬델이 모은 그리스 대리석 비문으로 셸든이 라틴어로 번역, 출판해 알려졌다. J. Selden, *Marmora arundeliana, sive saxa graece incisa*, 1628.

이로부터 우리는 문서집Tabula Actorum이 과거 사건의 가장 중요한 순간들을 알아보는 데 열중하는 사람들 못지않게 그것에 호기심이 있는 사람들에게도 쓸모가 있다는 것을 알 수 있다. 실제로 공공의 일을 논의하는 사람들은 이 문서 기록에서 검토할 사례들을 발견하고, 그중에서 자신의 재능을 기쁘게 인정하거나 결실을 증대할 것이고, 만민법과 공공의 유익에 적합한 주의 사항들과 규칙들을 알아낼 것이다. 가장 중요한 것은 그 문서 기록에서 얻은 사례와 권위를 이용해 새로운 협상 회의를 준비할 수 있고, 논쟁에서 그들의 의견을 보호할 수 있다는 것이다. 외교 대사들의 보고서에서 이전 문서를 참조하는 것보다 더 자주 발견되는 것은 없다. 나는 왕의 신하들이 그 보고서들을 보물로 여겼고, 신탁처럼 참고했다는 것을 알고 있다. 그리고 사람들이 보통 희소성으로 가치를 평가하기는 하지만, 출판한다고 해서 그 보고서들의 유용성이 사라지지는 않을 것이다. 또한 호기심이 발동하여 이 출판된 보고서들을 조사해 보려는 민간인들이 결국 그 모음집의 중요성에 경탄하게 될 때, 마치 공무의 일부를 담당하는 것처럼 기록 보관소에 입장하는 자신을 보게 될 것이다. 나는 우리의 시도가 가치 있다고 생각해서 이런 말을 하는 것이 아니라 다른 사람들이 더 많은 것을 제공하도록 자극받아 대중에게 많은 혜택을 주기를 바라기 때문이다. 인간사의 다양한 측면들이 여기에만 나타나는 것은 아니다. 마르스와 비너스가 인간들에게 호의를 베풀고, 제국이 전쟁의 승리나 결혼을 통해 확장하는 것처럼 말이다. 하지만 위대한 사건의 기원을 그 자체의 원천에서 살펴보는 것도 가능하다. 정기적인 종교 행사에 참석해 의례를 지키는 것, 또한 수

세기 동안 사물의 변화, 형식과 관습의 변화 그리고 법률의 변화를 알아보는 것도 즐거운 일이다. 그리고 고대인들의 바로 그 단순함과 파격적인 어법에서 인간의 타고난 재능과 언어의 변화에 감탄하는 것도 즐거운 일이다.

그러나 이 책의 쓸모에 대해 간단하게 요약하면, 이 책은 정치 기술ars politicus, 역사, 그 밖의 다른 지식에 도움이 되지만 무엇보다도 만민법gentium jus을 이해하는 데 도움을 줄 것이다. 우리는 이미 정치 기술에 대해서는 언급했다. 이 정치 기술은 조약의 형식 아래에 비밀리에 숨겨져 있다. 그러나 일련의 역사 해석과 통찰력 있는 작가들이 더해지면, 대부분 밝혀진다. 그래서 역사가들과 문서집은 서로 간에 빛을 주고받는다. 그리고 실제로 어떤 공적인 문제를 다루는 일을 하는 사람들과 군주의 권리를 면밀히 검토하는 사람들은, 만일 저 문서집을 검토하지 않으면 역사에 대한 믿음이 얼마나 빈약해지는지 경험하게 된다. 지금까지 기록이 아니라 소문에 기초해 썼던 역사가들에 의해 역사적 사건들의 장면이 많이 바뀌었기 때문이다. [……]

그러나 만민법, 그 안에서 자연법과 만민법Jus Naturae et Gentium 자체를 다루는 이 작품의 쓸모에 대해 조금 더 말하는 것이 좋을 것이다. 그리고 만민 외교법Codex Juris Gentium Diplomatici이라는 제목을 붙인 것은, 이것이 저 주제를 가장 잘 가리킬 것으로 보였기 때문이다. [자연]법jus 이론은 본성상 좁은 범위에 국한되어 있지만, 인간의 재능에 의해 헤아릴 수 없을 정도로 널리 퍼져 있다. [자연]법jus과 정의justitia 개념이 그렇게 많은 뛰어난 저자들에 의해 연구되었지만 우리가 그것에 대해 충분히 명확한 개념을 가지고 있는지 모르겠다. 권리는 일종의 도덕적 잠재력potentia이고, 의무obligatio는 일종의 도덕적 필연성necessitas이다.[12] 그리고 나는 '도덕적'이라는 말을 좋은 사람에게 있어서 '자연적'이라는 말과 동등한 것으로 이해한다. 왜냐하면 로마의 법률가가 분명하게 말했던 것처럼, "우리는 좋은 도덕에 반대되는 일을 행할 수 없다고 믿어야 하"기 때문이다.[13] 좋은 사람vir bonus이란 이성이 허용하는 한, 모든 사람을 사랑하는 사람이다. 따라서 정의란 그리스인들이 '인류애'$\varphi\iota\lambda\alpha\nu\theta\rho\omega\pi\iota\alpha\nu$라고 불렀던 감정을 지배하는 덕이다. 내가 잘못 알고 있는 것이 아니라면, 정의justitia에 대한 가장 적절한 정의definitio는 지혜로운 사람의 박애Caritas sapientis이고, 이것은 곧 지혜sapientia의 가르침을 따르는 것이다.[14] 카르네아데스는 '정의는 최고의 어리석음이다.'라고 말했다고 한다.[15] 왜냐하면 정

---

12) 이 책 "자연법의 원리: 정의와 정리" 참조.

13) Papian, *Quaestiones*, XVI; *Corpus juris civilis, Digesta*, 27, 7, 15.

14) 라이프니츠는 아카데미판 Aphorismi de Felicitate, Sapientia, Caritate, Justitia(1678/79): A VI, 4, 2792-2808 중에 포함되어 있는 독일어로 쓴 "몇몇 단어들에 대한 설명"Erklärung einiger Worte에서 정의를 다음과 같이 정의했는데 이것을 보면 라이프니츠가 라틴어 'caritas'를 어떤 뜻으로 이해하고 사용했는지 알 수 있다. "정의는 지혜를 따르는 형제애이다. 형제애는 모든 사람에 대한 호의이다"Gerechtigkeit ist eine brüderliche liebe der Weisheit gemäs. Brüderliche liebe ist eine gutwilligkeit gegen jedermann(A VI, 4, 2806). 그래서 'caritas'를 '사랑'이 아니라 '박애'로 옮겼다. 그리고 'caritas'를 그저 '사랑'으로 옮길 경우, 'amor'와 구분하기도 어렵다.

의는 우리 자신의 이익은 무시하면서 다른 사람들의 이익을 고려하라고 명령하기 때문이다. 하지만 그의 말은 정의에 대한 정의definitio를 알지 못해서 탄생한 말이다. 박애는 보편적 자비benevolentia universalis이고, 자비는 사랑하거나 귀중히 여기는 태도이다. 그리고 사랑하는 것 혹은 귀중히 여기는 것은 다른 사람의 행복felicitas을 즐거워하는 것이거나 같은 말로 다른 사람의 행복을 자신의 행복으로 받아들이는 것이다. 이것으로 신학에서도 매우 중대한, 어려운 문제가 해결된다. 즉 희망과 두려움, 그리고 모든 측면에서 이익과 분리되어 있는, 보상 없는 사랑이 어떻게 있을 수 있는가 하는 문제 말이다. 다른 사람의 행복이 우리를 즐겁게 하면, 그 사람의 행복은 곧 우리의 행복이 된다. 우리는 우리를 즐겁게 하는 것을 그 자체로 얻으려고 노력할 것이기 때문이다. 그리고 아름다운 것을 관조하는 것 자체가 즐겁기 때문에, 그리고 라파엘로Raffaello의 그림이 아무런 물질적 이익을 가져다주지 않더라도, 그의 그림을 이해하는 사람에게는 어떤 영향을 주기 때문에, 그의 그림은 어떤 사랑하는 대상의 형상처럼 그 사람의 눈에 띌 것이고, 그는 그 그림에 사로잡히게 된다. 그래서 아름다운 것이 행복하게도 할 수 있을 때, 그 감정은 참된 사랑으로 옮겨 간다. 그러나 신의 사랑은 다른 모든 사랑을 능가한다. 왜냐하면 신보다 더 행복한

---

15) 본문과 관련하여 Lactantius, *De divinis institutionibus*, V, 16, 2-3. 참조. 같은 내용이 이 책 "흐로티위스의 자연법에 관한 기록" 앞부분에도 등장한다.

것은 없으며, 신보다 더 아름답거나 더 행복할 자격이 있다고 생각될 수 있는 것은 없으므로, 신은 최고의 성과를 가지고 사랑받을 수 있기 때문이다. 그리고 신은 동일한 최고의 권능potentia과 지혜를 가지고 있기 때문에, (우리가 지혜롭다면, 즉 우리가 신을 사랑한다면,) 그의 행복이 우리의 행복 속으로 들어올 뿐만 아니라 행복을 창조하기도 한다. 그러나 지혜가 박애를 인도해야 하므로, 지혜를 정의할 필요가 있을 것이다. 지혜는 바로 행복에 대한 앎scientia felicitatis 그 자체라고 말할 때, 나는 인간이 가지고 있는 지혜 개념을 가장 만족스럽게 설명하는 것이라고 생각한다. 따라서 우리는 행복 개념으로 다시 돌아가게 되지만, 이곳이 그것을 설명할 자리는 아니다.

이런 원천에서 자연법jus naturae이 나오며, 거기에는 세 등급이 있다. 교환적 정의justitia commutativa에서 엄격한 권리jus strictum, 분배적 정의justitia distributiva에서 형평aequitas(혹은 좁은 의미에서 박애), 그리고 마지막으로 보편적 정의justitia universalis에서 경건pietas(혹은 정직probitas)이 그것이다. 내가 젊었을 때 법의 방법에 관한 작은 책에서 이미 대략적으로 제시한 것처럼,[16] 이 세 등급에서 "누구에게도 피해를 주지 마라. 각자에게 자신의 것을 주라. 명예롭게 (또는 그보다는 경건하게) 살아라."[17]라고 하는 가장 일반적이고 널리 알려진 [자연]법의 명령juris prae-

---

16) *Nova Methodus discendae docendaeque jurisprudentiae*, pars II, § 73-§ 75: A VI, 1, 343-345. 이 책 "자연법의 세 등급"을 가리킨다.
17) "neminem laedere, suum cuique tribuere, honeste (vel potius pie) vivere.": *Corpus juris civilis, Digesta*, 1, 1, 10, 1 참조.

cepta이 발생한다. 순수한 권리 혹은 엄격한 권리의 명령은 아무도 피해를 입지 않아야 하고, 그래서 국가 안에서 소송을 제기할 수 없고, 국가 밖에서 전쟁의 권리가 주어지지 않아야 한다는 것이다.[18] 여기에서 철학자들이 교환적 정의라고 불렀던 정의[19]와 흐로티위스가 '권한'facultas이라고 불렀던 권리jus가 발생한다.[20] 나는 등급이 더 높은 것을 형평 혹은 당신이 원한다면, (좁은 의미에서) 박애라고 부른다. 이것은 순수한 권리의 엄격성을 넘어서는 것으로, 나는 이것을 우리와 이해관계가 있는 사람이 우리를 강제로 행동하게 만들 수 없는 의무들에도 확대 적용한다. 말하자면 감사의 의무, 자선의 의무 같은 것이다. 흐로티위스가 말한 것처럼 우리는 이것에 대한 권한을 갖는 것이 아니라 자격aptitudo을 갖는다.[21] 그리고 누구에게도 피해를 주지 않는 것이 가장 낮은 등급인 것처럼 모든 사람을 이롭게 하는 것은 중간 등급이다. 그러나 모든 사람에게 동등하게 호의를 베푸는 것이 허락되지 않을 때, 얼마만큼이 각자에게 맞는 만큼인지, 또는 각자에게 합당한 만큼인지 고려한다.

---

18) 앞의 "자연법의 세 등급"에 따르면 전쟁의 권리는 한 사람이 다른 사람에게 피해를 주었을 때, 피해를 입은 사람에게 전쟁의 권리가 발생한다.
19) 아리스토텔레스, 『니코마코스 윤리학』, 1130b.
20) Hugo Grotius, *De jure belli ac pacis*, Bk. I, Ch. I, IV-VIII. 같은 말이 "자연법의 세 등급" 73항에도 언급되어 있다.
21) Hugo Grotius, *De jure belli ac pacis*, Bk. I, Ch. I, IV-VIII. 흐로티위스의 용어로 말하면, 우리는 법적 권리가 아니라 도덕적 자격을 갖는다는 의미이다.

그래서 여기가 분배적 정의가 속하는 곳이며 [자연]법은 '각자에게 자신의 것을 주라'고 명령한다. 그리고 여기가 신민의 행복을 보장하는 국가의 정치법lex politicae이 속하는 곳이며, 이 정치법은 단지 자격만 가지고 있던 사람들이 권한을 갖게 해 준다. 즉 그들은 다른 사람들에게 형평을 준수하라고 요구할 수 있게 된다. 가장 낮은 등급의 [자연]법jus에서 사건 자체에서 발생하는 차이는 제외하고 인간들 간의 차이가 고려되지 않았고, 모든 인간은 평등한 것으로 간주된다. 그렇지만 더 높은 등급에서는 공과가 고려되며, 그래서 특권, 보상, 처벌이 자리하게 된다. 크세노폰은 이 [자연]법jus의 등급들 간의 차이를 소년 사이러스의 예를 들어 품격 있게 설명했다.[22] 소년 사이러스는 두 소년 사이에 있고, 두 소년 중에서 힘이 더 센 소년이 강제로 다른 소년과 옷을 교환했다. 힘이 더 센 소년은 다른 소년의 토가[23]가 자신에게 맞고 자신의 토가가 다른 소년에게 더 잘 맞는다는 것을 찾아냈기 때문이다. 재판관은 강도에게 유리하게 판결했다. 하지만 그 소년의 선생님은 이 경우 문제는 토가가 누구에게 더 잘 맞는지가 아니라 토가가 누구의 것인지라고 지적했다. 그 소년은 언젠가 자신이 토가를 분배해야 할 때, 이런 형태의 판단을 더 적절하게 사용할 것이다. 사실 이 사건에서 형평 그 자체는 우리에게 엄격한 권리, 즉 인간의

---

22) Xenophon, *Cyropaedia(Κύρου παιδεία)*, I, 3, 17. 같은 사례가 흐로티위스의 책에도 등장한다. Grotius, *De jure belli ac pacis*, Bk. I, Ch. I, VIII, 3.
23) 고대 로마 시민들이 입었던 헐렁한 외투를 말한다.

평등aequalitas을 명령한다. 단 더 큰 이익을 위한 중요한 이유가 그것에서 벗어나라고 명령할 때는 예외이다. 그러나 개인에 대한 차별 대우acceptio personarum라고 불리는 것은 다른 사람들과 이익을 교환할 때가 아니라 우리 자신의 이익이나 공공의 이익을 분배할 때 자리하게 된다.

나는 가장 높은 등급의 [자연]법jus을 정직probitas 또는 그보다는 경건pietas이라는 이름으로 불렀다. 왜냐하면 지금까지 내가 말한 것이 죽음을 면치 못하는 삶의 관점에서 제한되는 것으로 받아들여질 수 있기 때문이다. 그리고 사실 순수한 권리 혹은 엄격한 권리는 평화를 유지해야 한다는 원칙에서 발생한다. 반면 형평aequitas 혹은 박애caritas는 더 높은 어떤 것을 추구한다. 그래서 각자가 할 수 있는 한 다른 사람들을 이롭게 할 때, 사람들은 다른 사람의 행복으로 자신의 행복을 증대할 수 있을 것이다. 그리고 이것을 한마디로 말하면, 엄격한 권리는 불행을 피하고, 더 높은 [자연]법jus은 행복을 지향한다는 것이 된다. 하지만 그런 행복도 죽음을 면할 수 없는 이 삶에서나 찾아오는 것이다. 우리는 이 삶 자체와 이 삶이 기대하게 만드는 모든 것을 다른 사람들의 큰 편익 다음으로 제쳐 두어야 한다. 그리고 또한 우리는 가장 큰 고통조차 다른 사람들을 위해 참고 견뎌야 한다. 철학자들은 이것을 확고하게 증명하지는 않았지만 더 훌륭한 것으로 가르쳤다. 왜냐하면 철학자들이 명예honestas라는 이름으로 불러일으키는, 영예와 영광, 그리고 덕을 향유하는 영혼의 감각은 생각이나 정신에 이익이고 또 분명히 귀중한 이익이기 때문이다. 하지만 모든 사람이 상상력으로부터 똑같이 자극받는 것이 아니므로, 이것이 모든 사람에게 적용되는 것은 아니고, 모든 악의 쓰라림을 능가하지도 못한다. 특히 교양 교육을 통해서든, 교양 있게 생활하는 습관이나 삶의 가르침 또는 종파의 가르침을 통해서든 명예를 존중하거나 영혼의 이익을 깨닫는 데 익숙하지 않은 사람들에게는 더욱 그러하다. 명예로운 것은 모두 유익한 것이고 부끄러운 것은 모두 해로우리라는 것을 정말로 보편적인 증명으로 완성하기 위해서는 영혼의 불멸성과 신이 우주의 통치자라는 것을 가정해야 한다.[24] 따라서 우리 모두는 자신의 지혜 때문에 속지 않고 자신의 권능 때문에 피하지 않는 군주가 통치하는 가장 완전한 국가에서 살고 있는 것이라고 생각할 수 있다. 그리고 신을

---

[24] 서양 사상에서 그리고 이 저작이 다루고 있는 도덕철학과 정치철학에서 전지전능할 뿐만 아니라 전적으로 선한 신을 전제해야 하는 이유가 바로 이 권선징악 같은 도덕 원리가 보편적이고 정당한 원리라는 것을 증명하기 위해서라는 것이 여기서 분명하게 언급되고 있다는 데에 주목할 필요가 있다. 그런 신이 단지 개념일 뿐일지라도 그런 선한 신의 개념을 전제하지 않으면 세상이 '만인에 의한 만인의 전쟁' 상태인 것이 가능해질 뿐만 아니라 '타인에게 피해를 줄 수 있는 권리'도 정당화될 수 있게 된다. 즉 선한 신의 개념을 가정하지 않으면, 신이 세상을 선하게 창조했다는 것을 가정하지 않으면 이로운 행동이 보상을 받고 해로운 행동이 처벌을 받는다는 원리는 부정될 수 있다. 또한 이런 신 개념을 가정하는 것은 이를 권고하거나 설파하기 위한 것이 아니라 논리적으로 증명하기 위한 것이다. 바꿔 생각해 보면, 누군가 지금 세상이 저 만인에 대한 만인의 전쟁 상태와 다를 바 없다고 본다면, 그것은 곧 타인의 행복과 이익을 지향하기는커녕 타인에게 피해를 주더라도 자신의 이익을 추구하려는 사람들이 많다는 것이고 타인에게 피해를 주고도 처벌받지 않은 일들이 많다는 것이다. 이것은 곧 세상은 전적으로 선하지 않을 뿐만 아니라 선의 이름으로 악을 행하는 사람들이 많다는 것을 의미한다.

사랑하는 것은 매우 가치 있는 일이기 때문에 그런 주인을 섬기는 것 자체가 행복일 정도이다. 그리하여 그리스도의 가르침대로 그를 위해 영혼을 바치는 사람은 영혼을 얻을 것이다.[25] 신의 권능potentia과 예견providentia으로 모든 당위jus는 사실이 되고, 자기 자신으로부터가 아니면 누구도 피해를 입지 않으며, 모든 올바른 행위는 보상받으며, 처벌받지 않는 죄가 없게 된다. 왜냐하면 그리스도가 신성하게 전한 것처럼, 그는 우리의 모든 머리카락을 다 세었고,[26] 목마른 자에게 물 한 모금도 헛되이 주지 않으며,[27] 만백성의 공화국에서 아무것도 소홀히 하지 않기 때문이다. 이 고찰로부터 보편적 정의라고 불리는 것은 다른 모든 덕을 포함한다는 결론이 나온다. 그러므로 우리가 우리의 몸이나 우리의 소유물을 남용하지 않는 것처럼, 다른 사람들과 관련이 없어 보이는 것들이 인간의 법leges humanas 밖에 있을지라도, 자연적 권리jus naturale, 즉 신국의 영원한 법leges에 의해서는 금지된다. 우리와 우리가 가진 것이 신에게 빚을 지고 있기 때문이다. 왜냐하면 누구도 자신의 소유물을 남용하지 않는 것이 국가에 이익이 되는 일이고, 더 나아가 온 세상에 이익이 되는 일이기 때문이다. 그래서 이로부터 '명예롭게(즉 경건하게) 살아라.' honeste (id est pie) vivere라고 하는 저 [자연]법jus의 최고의 명령이 효력을 얻는 것이다. 그리고 이런 의

---

25) 『마태복음』 10장 39절 참조.
26) 『누가복음』 12장 7절 참조.
27) 『마태복음』 10장 42절 참조.

미에서 학자들은 여러 바람들 중에서도 다음을 정당한 것으로 언급했다. 즉 자연법과 만민법은 그리스도교의 가르침, 즉 (그리스도의 가르침에서 나온) 고결한 원리에 따라τὰ ἀνώτερα야 하고, 지혜로운 사람의 숭고함과 신성을 따라야 한다는 것이다. 이렇게 우리는 [자연]법의 세 가지 명령과 정의의 세 가지 등급을 가장 적절한 방식으로 설명하고, 자연적 권리jus naturale의 원천을 지적한 것 같다.

신성한 원천에서 나오는 이성적 본성의 영원한 법jus 외에도 관습mos에 의해 받아들여지거나 상급자가 제정한 실정법jus voluntarium[28]도 있다. 그리고 국가에서 시민법jus civile은 사실상 최고 권력summum Potestas을 가진 자로부터 효력을 얻는다. 국가 밖이나 최고 권력을 공유한 사람들 중에도(때때로 같은 국가에서도 여러 사람이 있을 경우가 있음) 대중들의 암묵적 동의에 의해 받아들여진 만민 실정법이 자리한다. 또한 이런 법이 모든 민족에게 혹은 모든 시대에 일치할 필요는 없다. 왜냐하면 어떤 것은 인도에 적합하고 또 어떤 것은 유럽에 적합한 경우가 많을 것이기 때문이다. 그리고 우리에게서도 이 법은 몇 세기

---

[28] 'jus voluntarium'을 '실정법'으로 번역하는 것은 국제법 역사의 용어 해석을 따른 것이지 원어 자체의 의미대로 번역한 것은 아니다. 유럽에서 국제법의 형성 과정에는 많은 학자들이 사용한 용어와 의미가 다양하고 많아서 우리말로 번역하기에 혼동되는 경우가 많다는 점을 고려할 필요가 있다. 'jus voluntarium'은 국제법 형성 과정에서 'jus necessarium'에 반대되는 의미로 사용된 것으로 원어 자체로는 자발적 법을 의미하는데, 초기 법실증주의 학자인 알베리코 젠틸리Alberico Gentili(1552~1608)가 일반적 동의에 의해 결정되는 국가법에 사용하여 알려졌다.

에 걸쳐 변했다. 그것이 바로 이 저작이 말해 줄 수 있는 것이다. [……]

그러나 그리스도인들에게는 또 다른 공통의 연결점이 있다. 그것은 성서에 포함되어 있는 실증적 신법jus divinus positivus이다.[29] 거기에 온 교회가 받아들인 성스러운 교회법Canones을 추가할 수 있고, 그다음으로 서방에서 왕들과 백성들도 따르는 교황청의 법령들jura pontificia을 추가할 수 있다. 그리고 나는 지난 세기의 교회 분열 전에는, 보편적으로 (그리고 이유가 없는 것은 아니다.) 오랫동안 그리스도교 민족들에게는 어떤 특정한 공통의 국가가 있었다고 보는 것이 적절하다고 생각한다. 그것의 수장은 신성의 영역에서는 교황 막시무스가 될 것이고, 세속의 영역에서는 로마 황제가 될 것이다. 그는 그리스도교 공통의 이익을 위해 왕의 권리jus와 군주의 자유를 보존하면서 필요한 만큼 고대 로마 왕국의 법jus을 유지한 것으로 보인다. [……]

따라서 우리는 교황과 공의회에 관해 언급한 어떤 것이 우리의 법전에 포함되어 있다고 판단했다. 이 둘의 재판권은 거의 모든 사람에게 확대된 것으로 보이며, 그래서 교황의 판결

---

29) '실증적 신법'은 '자연적 신법'과 대비되는 개념이다. 실증적 신법은 모세의 십계명이나 산상수훈같이 신의 계시를 통해서만 알 수 있는 것이지만 자연적 신법은 인간의 이성으로 알 수 있는 것이다.

을 거부한 자들은 공의회에 항소하기도 했다. 그리고 교회법과 기독교의 가르침에 대한 로마 교황들의 관심이 때때로 도움이 되었다는 사실을 인정해야 한다. 왜냐하면 그들은 적절한 때나 적절하지 않은 때에 왕에게 자기들의 사정을 요구했는데, 그것이 그들의 권위를 이용한 것이든 성직자의 비난을 두려워해서든 많은 해악을 막는 장애물이 되었기 때문이다. 그리고 왕들이 조약을 맺을 때, 교황의 비난과 교정을 받는 일은 매우 빈번했다. […] 그러나 인간의 가장 좋은 일조차 부패하는 경향이 있기 때문에, 교황은 자신의 영역을 너무 많이 확대하고 그의 권력을 남용하기 시작했다. […]

그러나 우리가 열정적으로 다루었던 제국의 문제를 그만두고, 기독교 민족에 의해 특정한 보편적 권위가 확립되었다고 말하고 나서, 남은 소수민족의 권리에 대해 마무리해서 그것이 우리의 외교 법전에 어떻게 설명되는지 볼 수 있도록 하자. 요컨대 민족들 간의 국제법 jus faecialis inter Gentes[30)]의 기초는 우리가 방금 전 그것의 원리에 대해 제시한 자연법 jus naturae 자체

---

30) 오늘날의 국제법을 가리키기 때문에 현대적으로 '국제법'이라고 번역했다. 원어를 그대로 번역하면 '국가나 민족 간의 일을 관제하는 법'이라고 할 수 있다. 라이프니츠의 "만민 외교법" *Codex juris gentium diplomatici*이 국제법의 형성에 영향을 주었고 그 국제법의 기원이 로마 시대 만민법이자 근대적 자연법 철학이라는 것은 국제법 형성의 역사에서 일반적으로 알려져 있는 것이다. 이 부분에서 근대적 자연법이 국제법의 기초를 제공한다는 라이프니츠의 견해를 확인할 수 있다.

이다. 만민법은 이것에 기초하며, 시대와 장소에 따라 다양하다. 따라서 나는 우리의 이 법령집 표본에서 다른 많은 것들 중에서 사람, 사물, 소송에 관해 주목하려고 한다. 공적 자유를 소관하는 만민법의 인격을 가진 자는 무장할 권리와 조약을 맺을 권리를 다른 사람의 손과 권한에서 얻는 것이 아니라 자기 스스로 갖는다. 비록 그가 상급자에 대한 의무의 속박에 묶여 있을지라도 그에게 존경과 신뢰, 복종이 부여된다. 만약 그의 권위가 충분히 크면, 그는 통치자$_{potentatus}$라는 이름으로 불리게 되며, [프랑스어로] 최고 권력자$_{souverain}$ 혹은 절대군주$_{potentat}$라고 불린다. 이로부터 프랑스어로 'souveraineté', 라틴어로 'suprematus'라고 불리는 최고의 권리가 탄생한다. 그 권리는 교회에서 더 우선적인 수위권을 배제하지 않는 것처럼 국가에서 더 높은 권리를 배제하지 않는다. 이제 그는 통치자 중 한 명으로 여겨지며 최고 권력을 가진 것으로 간주된다. 그는 군대와 조약을 통해 권위를 가지고 국가 간의 문제$_{rebus\ gentium}$에 개입할 수 있는 충분한 자유와 권능을 가진 것으로 간주된다. [……] 자유 국가에서 시민의 인격은 의지를 가지고 있는 한 자연적 인격으로 이해된다. 국가에서 이 자연적 인격이 기본법$_{leges\ fundamentales}$에 의해 그 특정한 의지에 이를 수 있을 정도로 충분히 제공되지 않으면, 그 자연적 인격의 형태는 다소 비정상적인 것이 된다. 이것은 이 분야에서 탁월하고 가장 박식한 몬잠바노$_{Severinus\ de\ Monzambano}$가 올바르게 가르쳤던 것이다. [……]

일반학을 위한 일련의 정의들
행복, 지혜, 덕[1]

1. 덕은 지혜에 따라 행동하는 태도habitude이다. 지식을 동반한 실천이 가치가 있다.

2. 지혜는 행복에 대한 앎science이고 사람들이 무엇보다 먼저 이해하려고 노력해야 하는 것이다.

3. 행복은 즐거움plaisir이 지속되는 상태이다. 따라서 고통을 야기하거나 더 낫고 더 지속적인 즐거움을 얻는 것을 방해해서 해로울 수 있는 즐거움에서 벗어나거나 그런 즐거움을 절제하는 것이 좋다.

4. 즐거움은 우리뿐만 아니라 다른 사람 안에 있는 완전함

---

[1] 이 저작의 원어는 프랑스어이다. 아카데미판의 VE(Voraus Edition)는 다음 권 편집을 마친 후 정식 출판 이전에 학술적 연구를 위해 연구자들에게 무료로 공개된 것이다. 그 이전에는 그루아의 편집본 *Textes Inedits*, pp. 579-581에 "Felicite"라는 제목으로 수록되어 알려졌다. 아카데미판 편집자는 워터마크에 따라 이 저작의 집필 연도를 1695년으로 추정했고, 이 단편이 라이프니츠가 자신의 야심 찬 학문적 기획이었던 일반학Scientia Generalis 집필에 사용하기 위해 행복, 지혜, 덕 개념에 대한 정의를 기록한 것으로 보고 있다. 내용상 우리 번역과 관련된 단편으로 볼 수 있다. 원문에는 본문의 번호가 다르게 나열되어 있다. 편집자는 라이프니츠가 다른 목적으로 번호를 순서대로 붙이지 않은 것으로 전한다. 하지만 내용상으로는 번호순으로 나열해도 무방하여 번호 순서대로 텍스트를 재구성했다. 그러다 보니 8번이 두 개가 되어 두 번째 것을 '*'로 구분했다. 영어 번역으로 다음을 참고했다. *Leibniz Political Writings*, pp. 82-84.

에 대한 지식connaissance이거나 감정sentiment이다. 왜냐하면 그때 우리는 우리 안에서 어떤 완전함을 다시 환기하기 때문이다.

5. 사랑한다는 것은 다른 사람의 완전함에서 즐거움을 발견하는 것이다.

6. 정의justice는 박애charité 혹은 지혜에 일치하는, 사랑하는 태도이다. 따라서 사람들이 정의를 추구할 때, 그들은 할 수 있는 한 이성적으로 모든 사람이 이익을 얻도록 노력한다. 하지만 그 이익은 각자의 필요와 공과에 비례하는 것이다. 그리고 가끔 악한 사람들을 처벌한다고 하더라도 이는 일반 이익bien general을 위한 것이다.

이제 감정 혹은 지식에 대해 그리고 완전함에 대해 설명할 필요가 있다. 어떤 완전함에 대한 혼란스러운 지각은 감각을 즐겁게 할 수 있다. 하지만 이런 즐거움은 거기에서 생기는 더 큰 불완전함으로 되갚음을 할 수 있다. 좋은 맛과 향을 가진 과일이 독을 감출 수 있는 것처럼. 이런 이유로 낯선, 혹은 더 정확히 말해 아첨하는 적을 경계해야 하는 것처럼 감각의 즐거움을 경계해야 한다.

7. 지식에는 두 종류, 사실의 지식과 이성의 지식이 있다. 사실의 지식은 지각perception이고 이성의 지식은 지성intelligence이다.

8. 이성의 지식은 우리를 완전하게 한다. 왜냐하면 그것은 완전한 존재를 표현하는 보편적이고 영원한 진리를 우리에게 가르치기 때문이다. 그러나 사실의 지식은 한 도시의 길들에 대한 지식 같은 것이다. 우리가 그 도시에 머무는 동안에는 그런 지식들이 도움이 되지만 떠난 후에 우리는 그것을 더는 기

억하려고 하지 않는다.

8*. 정신의 즐거움에 가장 근접한, 그리고 가장 순수하고, 가장 확실한 감각의 즐거움은 음악의 즐거움과 대칭의 즐거움이다. 전자는 귀를 즐겁게 하고 후자는 눈을 즐겁게 한다. 왜냐하면 우리에게 즐거움을 주는 조화 혹은 이런 완전함의 이유는 쉽게 이해되기 때문이다. 거기서 우려해야 할 유일한 것은 너무 많은 시간을 거기에 쓰는 것이다.

9. 지성 혹은 이성에서 생기는 즐거움을 멀리해서는 안 된다. 그때 사람들은 완전함의 원인에 대한 원인을 파악한다. 말하자면 사람들은 그 완전함이 그것의 원천에서, 즉 절대적으로 완전한 존재에서 유래한다는 것을 알게 된다.

10. 완전한 존재는 신이라 불린다. 신은 사물의 최종 원인이고, 원인들의 원인이다. 신은 최고의 지혜와 최고의 능력을 가지고 있으므로, 항상 최선을 선택했고, 항상 순서에 맞게 행동한다.

11. 사람들은 신을 사랑할 때 행복하다. 그리고 모든 것을 완전하게 만든 신은 피조물들을 오직 정신에서만 이루어질 수 있는, 신과의 합일을 통해 가능한 완전함으로 고양하기 위해 모든 것을 그렇게 순서에 따라 배열했을 것이다.[2]

12. 그러나 사람들은 신의 완전함이나 아름다움에 대한 앎

---

[2] 신이 세상을 순서를 따르도록 창조했다는 것이 인간이 이성을 통해 세상을 이해할 수 있다는 근대적 주장의 근거이다. 이 순서 또는 질서는 논리적 추론과 증명을 통해 또는 수학적 증명을 통해 세상을 이해할 수 있도록 하여 근대과학적 자연관과 연결된다.

이 없이는 신을 사랑할 수 없다. 그리고 우리는 신이 드러나야 만emanation 신을 알 수 있으므로, 신의 아름다움을 알 수 있는 방법은 이 두 가지이다. 즉 이유를 그 자체로 설명하는 영원한 진리에 대한 인식을 통해[3] 그리고 사실들에 이유를 할당하는 우주의 조화에 대한 인식을 통해[4] 신의 아름다움을 알 수 있다. 말하자면 이성의 경이로움과 자연의 경이로움을 아는 것은 가치가 있다.

13. 영원한 진리들의 이유가 갖는 경이로움을 우리의 정신은 그 자체로 학문들에서, 즉 추론의 학문, 수와 도형의 학문, 이익bien 혹은 손해mal에 관한 학문 그리고 정의juste와 부정의injuste에 관한 학문들에서 발견한다.

14. 물질적 자연nature corporelle의 경이로움에는 우주의 체계,

---

[3] 증명할 수 있지만 그 자체로 자명하여 증명할 필요조차 없는 필연적 진리를 가리킨다. 라이프니츠는 이것을 영원한 진리라고 칭하기도 했고, 이성의 진리라고 부르기도 했다. 그리고 그는 산술과 기하학, 논리학, 형이상학 등이 이 필연적 진리를 다루는 학문이며 도덕학도 여기에 포함된다고 주장했다. 예를 들면 논리학의 추론 규칙들과 동일률 같은 것이 라이프니츠가 말하는 필연적 진리에 해당한다.

[4] 이것은 사실의 진리, 즉 우연적 진리를 가리킨다. 이런 지식은 그 자체로 증명되지 않으며, 실험과 관찰 같은 경험을 통해 그 근거를 찾아야 정당성을 입증할 수 있는 지식이다. 하지만 이 사실에 대한 지식은 그 반대 주장이나 다른 주장에도 얼마든지 정낭한 근거를 제시할 수 있는 개연적 진리일 뿐이다. 자연과학이 여기에 속하며, 따라서 자연에 대한 관찰을 통해서는 자연에 대해 필연적 진리를 알 수 없고 단지 개연적 진리만을 알 수 있다. 인간이 삶에서 경험하는 모든 일이 이 우연적 진리의 영역에 속한다.

동물 신체의 구조, 무지개의 원인, 자석의 원인, 밀물과 썰물의 원인 그리고 수많은 다른 유사한 것들이 있다.

15. 사람들은 다음을 확실한 것으로 간주해야 한다. 신이 창조한 사물들의 질서와 근거, 아름다움을 정신이 더 많이 알려고 하면 할수록, 그리고 신이 자신의 지시하에 둔 사물들에서 이 질서를 정신이 점점 더 모방하려고 하면 할수록, 정신은 더 행복해질 것이다.

16. 결론적으로 자신의 형제를 사랑하지 않고는 신을 알 수 없다는 것, 박애를 갖추지 않고는 지혜를 얻을 수 없다는 것은 진정 사실이다. 이것은 참된 덕의 시금석이다. 게다가 사람들은 다른 사람을 이롭게 함으로써 자신의 이익을 증대한다. 왜냐하면 각 사람이 자신의 이익을 추구하는 것은 이성의 영원한 법칙이고 사물들의 조화의 영원한 법칙이기 때문이다. 최고의 지혜는 모든 사물을 너무나 잘 규제했기 때문에, 우리의 의무는 또한 우리의 행복이 될 것이고, 모든 덕은 보상을 낳으며, 모든 범죄는 언젠가는 스스로 처벌을 받을 것이다.

좋음과 정의의 본성에 관하여[1]

사람들은 신이 원하는 모든 것이 좋고 정의롭다는 것을 인정한다. 그러나 신이 그것을 원하기 때문에 그것이 좋고 정의로운 것인지, 아니면 그것이 좋고 정의롭기 때문에 신이 그것을 원하는 것인지에 대해서는 의문을 제기한다.[2] 말하자면 정

---

[1] 이 저작의 원어는 프랑스어이다. 이 저작은 Georg Mollat, *Mittheilungen aus Leibnizens ungedruckten Schriften*, Leipzig, 1893, pp. 41-53(*Rechtsphilosophisches aus Leibnizens ungedruckten Schriften*, Leipzig, 1885, pp. 56-67의 개정판)을 통해 라이프니츠 정치철학의 주요 저작으로 알려졌다. 몰라트Georg Mollat의 편집본에서는 이 저작과 이 책의 다음 저작인 "정의의 공통 개념에 관하여"가 하나로 묶여 있어서 그간의 영어, 독일어 번역서들이 몰라트의 편집본을 대본으로 번역하여 하나의 작품으로 번역되었다. 하지만 아카데미판에서는 두 저작이 다른 주제를 다루는 것이라 보고 분리하여 옮긴이도 두 저작으로 나누어 번역했다. 아카데미판에는 왼쪽 면에 라이프니츠의 초안(Konzept)을 배치하고 오른쪽 면에는 정서본(Reinschrift: I³)을 배치해 두 판본을 비교해 볼 수 있도록 편집되어 있다. 초안은 이 저작의 일부만 있고 정서본이 전체를 담고 있어 이 번역서에서는 정서본을 대본으로 했다. 영어와 독일어 번역은 다음을 참고했다. *Leibniz Political Writings*, pp. 45-53. G. W. Leibniz, *Gedanken über den Begriff der Gerechtigkeit*, hrsg. Wenchao Li, übers. Pierre Castagner, Nina Asmussen, Stefanie Ertz und Stefan Luckscheiter, Hannover, 2014, pp. 23-34. 원문은 17세기 프랑스어라서 현대적 표기를 확인할 때에는 *Le Droit de la Raison*, pp. 107-120을 참고했다.

[2] Platon, *Euthyphron*, 9e-11a. 플라톤은 이 대화에서 신성함에 대해 같은 방식으로 질문을 던진다.

의 혹은 좋음이 임의적인arbitraire 것인지 아니면 수와 비례처럼 사물의 본성에 대한 필연적이고 영원한 진리에 속하는 것인지가 문제인 것이다.

몇몇 철학자들[3]과 로마 가톨릭 신학자들 그리고 개혁 신학자들[4]은 전자의 견해를 따랐다. 하지만 요즘 개혁 신학자들은 보통 그 교리를 거부한다. 우리의 모든 신학자들과 로마교회 신학자들 대부분이 그 교리를 거부하는 것처럼 말이다.

사실상 전자의 견해는 신의 정의를 파괴하는 것이다. 왜냐하면 신의 정의 개념이 행동 개념에 아무것도 보태지 못한다면, 왜 신이 정의에 따라 행동한다는 이유로 신을 찬양하겠는가라는 질문을 던질 수 있기 때문이다. 그리고 "의지는 이성에 앞선다."[5]라고 말하면서 나의 의지가 이성의 자리를 대신할 것이라고 말하는 것은 분명 포학한 군주의 표어일 뿐이다. 더욱이 이 견해는 신과 악마를 충분하게 구별하지 못한다. 왜냐하면 지성이 있고 눈에 보이지 않지만, 매우 큰 힘을 가지고 매우

---

[3] 몇몇 철학자들은 데카르트와 홉스를 가리킨다. 이들의 관련된 견해는 다음 책을 참조하길 바란다. Rene Descartes, *Meditationes de prima philosophia*, AT VII, pp. 435-436[『성찰에 대한 학자들의 반론과 데카르트의 답변 1』, 원석영 옮김, 나남, 2012, 432쪽]. Thomas Hobbes, *De Cive*, Ch. 15, 5 [『시민론: 정부와 사회에 관한 철학적 기초』, 이준호 옮김, 서광사, 2013, 262-263쪽].

[4] 여기서 라이프니츠가 언급하는 개혁 신학자들은 신의 예정설을 주장한 코르넬리우스 얀센Cornelius Jansen(1510~76)과 장 칼뱅Jean Calvin(1509~64)이다.

[5] "stat pro ratione voluntas.": Juvenalis, *Saturae*[『풍자시집』], VI, 223.

악하게 행동하는 악마가 세계의 지배자라면, 사람들이 그를 숭배할 수밖에 없는 이유가 강압 때문일지라도, 이 악마 혹은 이 신은 계속해서 악할 것이기 때문이다. 이것은 마치 몇몇 사람들이 어떤 신은 덜 악한 일을 행할 것이라고 생각하면서 그런 상상적 신을 숭배하는 것과 같다.

신의 절대적 권리droit에 너무 빠져 있는 사람들이 신은 무고한 사람들에게 정당하게 유죄판결을 내릴 수 있고 또 그런 일이 실제로 일어날 수 있다고 믿는 것도 이런 이유 때문이다. 그런 사람들은 신을 사랑할 수 있도록 만들어 주는 신의 속성에 해를 입혔고, 신의 사랑을 파괴하면서 신에 대한 두려움만 남겼다. 예를 들어 세례받지 않고 죽은 아이들은 영원히 지옥불에 떨어지게 된다고 믿는 사람들은 사실상 신의 좋음과 정의에 대해 매우 부실한 생각을 가지고 있음이 틀림없다. 그리고 그들은 종교에서 가장 본질적인 것이 무엇인지에 대해서는 생각해 보지 않고 그것을 모욕한 것이다.

성서도 우리에게 이 최고 권한을 가진 실체에 대해 완전히 다른 생각을 제시한다. 즉 성서는 매우 자주 그리고 매우 단호하게 신의 좋음에 대해 말하고, 신을 불평하는 자들에 맞서 자신을 정당화하는 한 인격체처럼 소개하고 있다. 성서는 세계 창조의 역사에서 신이 자신이 창조한 것을 보고 그것을 좋게 여겼다고 말한다.[6] 말하자면 신은 자신의 작품에 대해 만족했고, 또 만족해할 만한 이유를 가지고 있었다는 것이다. 이것은 인

---

[6] 『모세 1경』, 『창세기』 1장 31절.

간이 말하는 방식이다.[7] 성서는 신의 행위들과 생산물들의 좋음이 신의 의지에 의존하는 것이 아니라 그 행위들과 생산물들의 본성에 의존한다는 것을 나타내기 위해 의도적으로 이런 방식을 이용한 것으로 보인다. 그렇지 않다면 신은 그것이 좋은지 검토하기 위해, 그리고 자신이 지혜로운 최고 권력자라는 것을 정당화하기 위해 자신이 원한 것과 자신이 행한 것을 살펴볼 필요가 없었을 것이다.

따라서 우리의 모든 신학자들과 대부분의 로마교회 신학자들, 그리고 고대 교부들과 가장 지혜롭고 가장 고귀한 철학자들까지도 좋음과 정의가 의지와 힘으로부터 독립적인 근거를 갖는다고 보는 후자의 견해를 가지고 있다.

플라톤은 자신의 대화편에서 트라시마코스라는 인물을 소

---

7) 여기서 성서의 표현 방식을 인간이 말하는 방식이라고 한 것은 신과 인간이 좋음과 정의에 대해 동일한 개념을 가지고 있다는 것을 보이려고 한 것이다. 즉 신이 가지고 있는 좋음과 정의의 개념이 인간이 가지고 있는 좋음과 정의에 대한 개념과 다르지 않다. 따라서 절대적 능력을 가진 신이라 하더라도 좋음 개념과 정의 개념을 변경하거나 좋은 것을 나쁜 것으로, 정의로운 것을 부정의한 것으로 만들 수 없다. 동일율과 모순율, 기하학과 산술의 원리들에 대해 신이 자신의 전지전능함으로 그 원리들을 변경하거나 바꿀 수 없고 그것에 따라야 하는 것처럼 좋음과 정의의 개념도 신이 따라야 하는 개념이다. 그래서 라이프니츠는 정의 개념이 이성의 진리이고 필연적 진리라고 하는 것이고 경험을 통해 얻는 지식이 아니라 본능처럼 타고난 본유적 지식이라고 주장한다. 라이프니츠의 주장에 따르면 인간은 무엇이 좋은지, 무엇이 정의로운지, 경험을 통해 혹은 배워서 아는 것이 아니며, 좋음과 정의에 대해 사람마다 각기 다른 개념을 가지고 있는 것이 아니다.

개하고 그의 생각을 반박한다.[8] 트라시마코스는 정의justice가 무엇인지 해명되기를 바라며 하나의 정의definition를 내놓는데, 만약 그의 정의가 수용할 만한 것이라면, 우리가 맞서 싸우고 있는 편의 입장을 강하게 정당화해 줄 것이다. 그가 말하길, 정의로운 것juste이란 가장 힘 있는 자의 마음에 들고 그들이 좋아하는 것이다. 만약 정의가 그런 것이라면, 어떤 최고 법정의 판결도, 어떤 최고 판사의 판결도 부정의한injuste 것이 없을 것이고, 악하더라도 힘 있는 자는 비난받지 않을 것이다. 그리고 그에 더해 같은 행동이 판결을 내린 사람에 따라 정의로운 행동일 수도 있고 부정의한 행동일 수도 있다. 하지만 이것은 매우 우스꽝스러운 것이다. 정의로운 것과 정의로운 것으로 간주되는 것은 다르고, 정의로운 것으로 간주되어 정의를 대신하는 것은 또 다른 것이다.

영국의 저명한 철학자이자 자신의 역설[9]로 이름이 알려진 홉스는 트라시마코스와 거의 같은 것을 주장하려고 했다. 그는 신은 전능하기 때문에, 모든 것을 행할 수 있는 권리를 가지고 있다고 주장하기 때문이다.[10] 이것은 당위droit와 사실fait을 구

---

8) 플라톤, 『국가』, 338c
9) 홉스의 역설은 『리바이어던』에 등장하는 그의 주장에 나타난다. 홉스는 인간이 자연 상태, 즉 '만인에 의한 만인의 전쟁' 상태를 벗어나기 위해서는 모든 사람이 자신의 자연적 권리를 양도하고 사회계약을 통해 국가, 즉 리바이어던을 수립해야 한다고 주장했다. 이 주장의 구도를 보면, 사람들은 자신의 자유를 지키기 위해 자신의 자유를 포기해야 한다는 결론이 나온다. 자유를 지키기 위해 자연 상태에서 무제한적으로 주어진 자유를 포기하고 절대권력에게 복종해야 하기 때문이다.

별하지 못한 것이다.[11] 왜냐하면 신이 할 수 있는 것과 신이 해야 하는 것은 다르기 때문이다.[12]

거의 같은 이유에서 참된 종교가 국가의 종교라고 믿는 것도 바로 이 홉스다.[13] 그리고 그의 생각에 따르면 "자유 공화국에서 방귀와 트림은 자유로워야 한다."[14]는 칙령을 공표한 로

---

10) Thomas Hobbes, *De Cive*, Ch. 15, 5[『시민론: 정부와 사회에 관한 철학적 기초』, 이준호 옮김, 서광사, 2013, 262-263쪽].

11) 이 지점에서 'droit'는 우리말로 '권리'가 아니라 '당위'에 해당한다. '사실'과 비교하고 있다는 점에서도 그렇다. 당위와 사실의 구별은 규범적인 것과 사실적인 것의 구별을 말한다. 이 관점에서 보면, 정의는 당위의 영역에 속하고 사실은 존재의 영역에 속한다. 그래서 라이프니츠는 법률, 특히 실정법은 존재의 영역에서 사실의 문제를 다루고, 이 영역의 문제들은 경험적으로 탐구할 수 있지만, 자연법과 정의는 당위의 영역에서 정당성의 문제를 다루며 이 영역의 문제는 경험과 상관없이 논리적 증명을 통해 탐구해야 하는 것으로 본다. 정의 이론이나 도덕학이 수학과 논리학처럼 개념의 정의에서 추론을 통해 증명될 수 있는 필연적 진리의 영역에 속하는 반면 법은 경험과 사실을 통해 권력자의 의지, 입법자의 의지에 따라 제정되어 얼마든지 부정의하고 부당해질 수 있다. 이어지는 본문에서 라이프니츠는 수학의 사례를 통해 이것을 보여 주고 결국 정의와 법을 이 기준에 따라 구별한다.

12) 할 수 있는 것과 해야 하는 것의 구별은 라이프니츠가 권리와 의무를 가능성과 필연성의 양상 개념을 통해 설명한 것과 같은 맥락이다. 즉 할 수 있는 것은 가능한 것이고, 해야 하는 것은 필연적인 것이다. 그래서 라이프니츠는 규범 논리학에서 권리는 가능성이고 의무는 필연성이라고 정의한다. 이 책 "자연법의 원리: 정의와 정리" 참조.

13) Thomas Hobbes, *De Cive*, Ch. 15, 15[『시민론: 정부와 사회에 관한 철학적 기초』, 이준호 옮김, 서광사, 2013, 273-275쪽].

14) Suetonius, *Vitae XII caesarum Claudius*, 32장 참조. "in libera repub-

마 황제 클라우디우스가 그때 방귀의 신을 공인된 신들에 포함했더라면, 그 신은 참된 신이었을 것이고, 숭배받아 마땅했을 것이다.

에둘러 말하면, 참된 종교는 존재하지 않으며, 단지 인간이 만들어 냈을 뿐이라는 것이다. 마찬가지로 정의로운 것이 가장 강한 자의 마음에 드는 것이라고 말하는 것은 확실하고 정해진 정의justice certaine et déterminée는 없다고 말하는 것과 다를 바 없다.[15] 그리고 이것은 사람들이 하고자 하는 행동을 하지 못하게 하는 정의가 없고, 아무리 악한 행동일지라도 처벌받지 않고 할 수 있는 행동을 하지 못하게 하는 정의가 없다는 말과 다를 바 없다. 그렇게 되면, 배반, 암살, 독살, 무고한 사람을 고문하

---

lica crepitus atque ructus libros esse debere." 'crepitus'는 그리스도교인들이 사용한 로마의 신으로 실제로 숭배된 신이 아니라 문학에 등장한 신이다. 이집트인들이 장내 소음을 신으로 여겼다는 이야기에서 유래했다. 볼테르Voltaire는 『철학 사전』의 '다신교' 항목에서 이를 '방귀의 신'으로 표현했다. 여기서는 홉스의 견해를 비판하기 위해 라이프니츠가 우화적으로 인용한 것으로 홉스의 주장대로 국가의 종교가 참된 종교라면, 로마 황제가 실제 신이 아닌 방귀의 신을 공인된 신이라고 하면 참된 신이 되는 것이냐고 비꼬는 것이다.

15) 트라시마코스의 정의와 유사한 견해를 보이는 홉스의 주의주의Voluntarism에 대한 라이프니츠의 비판을 대표적으로 나타내는 표현이 '확실하고 정해진 정의가 없다.'는 문제점이다. 라이프니츠는 청년기부터 이 점 때문에 홉스의 주의주의를 반대했고 1670년과 1674년에 홉스에게 이 문제를 지적하는 서신을 보냈으나 홉스는 답하지 않았다. Leibniz an Thomas Hobbes, 1670년 7월 13/23일: A II, 1, 90-94, 1674년 파리: A II, 1, 383-386.

는 것, 이 모든 것이 성공하기만 한다면 정의로운 것이 될 것이다.

사실상 이것은 개념의 본성을 바꾸는 것이며, 다른 사람들이 사용하는 언어와는 다른 언어를 사용하는 것이다.[16] 지금까지 사람들은 정의를 항상 지배적으로 통용되는 것과는 다른 어떤 것으로 이해해 왔다. 사람들은 행복한 사람이 나쁜 사람일 수 있다고 생각한다. 그리고 어떤 행동이 처벌받지 않았더라도 부정의한 행동일 수 있다고 생각한다. 말하자면 그런 행동은 처벌받는 것이 마땅하다고 생각하는 것이다. 따라서 왜 그런 행동이 처벌받아야 마땅한지 아는 것만이 중요하지, 처벌이 뒤따를 것인지 아닌지, 혹은 어떤 판사가 그런 판결을 내릴 것인지는 문제가 되지 않는다.

시칠리아에 디오니시오스라는 이름을 가진 두 부자 참주가 있었다. 아버지는 아들보다 더 악했다. 그는 많은 정직한 사람들을 제거함으로써 전제정을 확립했다. 아들은 덜 잔인했지만 방탕과 음욕에 더 빠졌다. 아버지는 운이 좋았고 자신의 권력을 유지할 수 있었다. 하지만 아들은 그 반대였다. 결국 그는 [실

---

16) '다른 언어를 사용한다'는 표현은 논리적 오류 중에서 '은밀한 재정의의 오류'를 가리키는 것으로 이해할 수 있다. 이 오류를 실제로 자주 확인할 수 있는 곳은 현실 정치의 영역이다. 정직하지 못한 정치인들은 단어나 개념을 본래 의미와 다르게 자신만의 의미로 재정의해 사용함으로써 오류임에도 불구하고 자신의 잘못을 가리거나 곤란한 상황을 회피하거나 대중을 속이려고 하는데 이때 이 '은밀한 재정의의 오류'가 발견된다.

각한 후에도] 계속해서 지배하는 즐거움을 얻기 위해 그리고 아이들을 체벌하는 회초리를 손에 쥐고 지배권을 휘두르는 즐거움을 누리기 위해 고린도에 있는 학교의 교장이 되었다. 이를 보고 사람들은 다음과 같이 말할 것이다. 아버지가 운이 좋았고, 처벌받지 않았기 때문에, 아들의 행위보다 아버지의 행위가 더 정의롭다고 말할 수 있는가? 그리고 역사가 운이 좋은 폭군을 비난하는 것은 허락되지 않는 것인가?

또한 우리와 이해관계가 얽힌 사람이든 이해관계를 떠난 사람이든, 사람들이 몇몇 권력가들의 행동에 항의를 늘어놓으며 그들의 행동이 부정의하다고 여기는 것을 우리는 매일같이 목격한다. 그러므로 문제는 단지 그들이 근거를 가지고 항의를 하는 것인지, 그리고 역사가 몇몇 군주의 성향과 행동을 올바르게 징계할 수 있는지의 여부이다. 의견이 일치되는 것은, 인간은 정의justice와 정의로운 것droit[17]을 권력자의 마음에 드는 것과는 다른 어떤 것으로, 그리고 부정의를 바로잡을 수 있는 판사가 없어서 처벌받지 않은 채 있는 것과는 다른 어떤 것으로 이해한다는 것을 인정해야 한다는 것이다.

사실 온 세상에서 혹은 세상의 통치에서 가장 큰 권력을 가

---

17) 정의와 동시에 등장하는 'droit'를 '권리'나 '자연법'이 아니라 '정의로운 것'이라고 번역했다. *Dictionnaire de L'Académie Française*, 1694년도 첫 번째 판에서 'droit'의 뜻도 'Ce qui est juste'(정의로운 것, 정당한 것, 올바른 것)이다. 우리말로 하나로 표현하기 어려운 부분이니 독자들은 그저 정의로운 것, 정당한 것, 올바른 것을 가리키는 말이라고 폭넓게 이해하면 좋을 것 같다.

진 자가 동시에 정의롭고 사람들이 마땅히 항의할 만한 일을 하지 않는 일이 다행스럽게도 일어난다. 그리고 사람들이 보편적 질서를 이해한다면, 그 권력자가 한 것보다 더 잘하는 것이 불가능함을 확실하게 알게 될 것이다. 그러나 권력은 그를 정의롭게 만들어 주는 형식적 근거가 아니다. 그렇지 않고 권력이 정의의 형식적 근거라면, 모든 권력자들은 각각 자신의 힘에 비례해 정의로울 것이다. 그러나 이것은 경험에 반한다.

따라서 이 형식적 근거를 찾는 것이 문제이다. 즉 정의가 무엇으로 구성되는지 우리에게 가르쳐 주어야 하는 이 속성 혹은 이 개념의 근거를 찾는 것이 문제이다. 그리고 그것은 인간이 한 행동이 정의롭다고 말하거나 또는 부정의하다고 말할 때, 인간이 이해하고 있는 것이다. 그리고 이 형식적 근거는 신과 인간에게 공통적이어야 한다.[18] 그렇지 않고 같은 속성을 명확하게 신과 인간 모두에게 귀속하려고 하는 것은 잘못이 될 것이다. 이것은 추론과 대화의 근본 규칙이다.

나는 인간이 정의로운 방식과 신이 정의로운 방식에 커다

---

18) 라이프니츠가 이 저작과 같은 해에 선제후 부인 조피에게 보낸 서신에서 이 저작에 대해 전한 내용에서도 정의 개념이 신과 인간에게서 다르지 않고 필연적이고 영원한 진리라는 것을 강조하는 내용을 확인할 수 있다. "정의의 질서를 위해 저는 신의 관점에서뿐만 아니라 지성적 피조물의 관점에서 타당해야만 하는 보편적 규칙이 있다고 믿습니다. [······] 보편적 진리는 우리의 관점뿐만 아니라 천사와 신 자신의 관점에서도 참인 것입니다. [······] 이런 영원한 진리는 수학에서 수의 진리들처럼 그리고 기하학에서 도형의 진리들처럼 모든 것이 의존하는, 확정되고 변화 불가능한 진리입니다"(Grua, *Textes Inédits* I, 1948, p. 379: A I, 13, N. 7).

란 차이가 있다는 것을 인정한다. 하지만 그 차이는 단지 정도의 차이일 뿐이다. 왜냐하면 신은 완전하게 그리고 전적으로 정의롭지만 인간의 정의는 인간 본성의 불완전함 때문에 부정의, 과실, 죄와 섞여 있기 때문이다. 신의 완전성은 무한하지만 우리의 완전성은 한계가 있다.

따라서 만약 어떤 사람이 신의 정의와 좋음이 인간의 정의와 좋음과는 전적으로 다른 규칙을 따른다고 주장하고 싶다면, 그는 동시에 이것이 서로 다른 두 개의 개념이라는 것을 인정해야 하고, 정의를 신과 인간 모두에게 적용할 때, 의도적으로 애매하게 말하는 것이거나 터무니없이 착각한 것임을 인정해야만 할 것이다. 그런데 사람들이 두 개념 중에서 하나를 선택하고 그것을 본래의 정의 개념으로 간주할 때, 다음과 같은 일이 일어날 수밖에 없다. 즉 신에게 참된 정의가 없거나 인간에게 참된 정의가 없거나 아니면 아마도 둘 모두에게 참된 정의가 없는 일이 발생할 것이다. 그리고 사람들이 정의에 관해 이야기할 때, 그들은 자신이 무엇을 말하는지 근본적으로 알지 못하는 일이 생길 수밖에 없다. 사실상 이것은 정의를 파괴하는 것이고, 단지 그 이름만 남겨 두는 것이다. 이런 일은 정의 개념을 자의적으로 만드는 사람들에게서, 그리고 정의 개념을 한 재판관이나 한 권력자의 기분에 의존하게 만드는 사람들에게서도 마찬가지로 일어난다. 왜냐하면 하나의 동일한 행동이 한 재판관에게는 정의로운 행동으로 보이고 다른 재판관에게는 부정의한 행동으로 보일 것이기 때문이다.

또한 이것은 마치 어떤 사람이 우리의 학문, 예를 들어 우리가 산술학이라고 부르는 수에 관한 학문이 신이나 천사의 산술학과 일치하지 않는다고 주장하거나 아마도 모든 진리가 자의적이고 기분에 의존한다고 주장하고 싶어 하는 것과 거의 다를 바 없다. 예를 들어 1, 4, 9, 16, 25 등은 제곱수이다. 즉 1, 2, 3, 4, 5 등이 자기 자신과 곱해서 만들어진 수, 말하자면 1 곱하기 1은 1, 2 곱하기 2는 4, 3 곱하기 3은 9라고 하면서 자기 자신과 곱해서 만들어진 제곱수이다. 또한 연속하는 제곱수 간의 차가 홀수의 연속이라는 것도 발견된다.

$$0 \quad 1 \quad 4 \quad 9 \quad 16 \quad 25 \cdots\cdots$$
$$1 \quad 3 \quad 5 \quad 7 \quad 9 \cdots\cdots$$

왜냐하면 1과 4 간의 차는 3이고 4와 9 간의 차는 5이고 9와 16 간의 차는 7이며 이렇게 계속 진행되기 때문이다. 또한 이것은 여백에 적어 놓은 사각형의 셀에서도 볼 수 있다. 1제곱피트를 제외하고, 2제곱피트의 면적은 (즉 1제곱피트의 4배의 면적은) 3셀을 더 가진다. 그리고 3제곱피트의 면적은 (즉 1제곱피트의 9배의 면적은) 이전 것보다 5셀을 더 가지고, 이렇게 계속 진행된다.

1	1	1	1
3	2	2	2
5	4	3	3
7	6	5	4

자 이제, 신과 천사에게서는 이와 같지 않다고, 또 신과 천사는 수에서 우리가 발견한 것과 완전히 반대되는 것을 보거나 발견한다고 주장하는 것이 정당한가? 이것을 주장하려고 하는 인간을, 그리고 어디에서나 동일한 것으로 존재해야 하는 영원하고 필연적인 진리와 우연적이고 변화 가능한 혹은 임의적인 진리 간의 차이를 알지 못하는 인간을 비웃는 것이 잘못인가?

정의도 이와 마찬가지다. 만약 이것이 어떤 일정한 의미가 확정된 명사$_{terme}$라면, 요컨대 '블리티리'$^{19)}_{blitiri}$같이 아무 의미가 없는 단순한 소리가 아니라면, 이 정의$_{Justice}$라는 명사 혹은 단어는 어떤 정의$_{definition}$ 혹은 이해 가능한 개념$_{notion}$을 가질 것이다. 그리고 사람들은 논리학의 논쟁 불가능한 규칙들을 사용해 모든 정의$_{definition}$로부터 확실한 결론을 도출할 수 있다. 그리고 이것은 사실에 의존하는 것이 아니라 오로지 이성에만 의존하는 필연적이고 증명적인 학문, 예를 들어 논리학, 형이상학, 산술학, 기하학, 운동에 관한 학문을 구축할 때 사람들이 사용하는 바로 그것이다. 그리고 정의로운 것에 관한 학문$_{la\ science\ de\ droit}$도 여기에 속한다. 이 학문은 경험과 사실에 근거를 두지 않는다.[20] 오히려 사실에 근거를 제공하고, 앞서 사

---

19) 디오게네스$_{Diogenes\ Laertios}$는 'blitiri'(그리스어 $\beta\lambda\iota\tau\upsilon\rho\iota$)를 이해할 수 없는 단어의 사례로 들었다. *De vitis, dogmatis et apophthegmatis clarorum philosophorum libri X*, VII, 57 참조. 라이프니츠의 유사한 언급은 다음을 참조. *Essais de théodicée*, § 76[『변신론』, 이근세 옮김, 아카넷, 2014, 130-131쪽].

20) 라이프니츠는 이것을 청년기 저작에서도 언급한 바 있다. 이 책 "자연법의 원리" 1항 참조. 거기서는 'doctrina juris'를 저작의 제목을 고려하

실을 규정하는 역할을 한다. 이것은 세상에 법loi이 존재하지 않았을 때, 정의로운 것droit의 관점에서 일어나는 것에 관한 학문이다.

정의justice를 권력에 의존하게 만드는 사람들이 범하는 실수는 부분적으로 정의로운 것droit과 법loi을 혼동하는 것에서 비롯된다. 정의로운 것은 부정의할 수 없다. 그것은 모순이다. 하지만 법은 부정의할 수 있다.[21] 왜냐하면 법을 지배하고 유지하는 것이 권력이고, 만약 그 권력이 지혜와 좋은 의지를 결여하고 있다면, 매우 악한 법을 지배하고 유지할 수 있기 때문이다. 하지만 신의 법들이 항상 정의로운 것은 온 세상 사람들에게 다행스러운 일이다. 신이 의심의 여지 없이 중대한 이유

여 '자연법 이론'으로 번역했는데 '정의 이론'으로 읽을 수도 있다. 같은 맥락에서 'la science de droit'도 '정의로운 것에 관한 학문'으로 번역했는데 이 역시 '자연법에 관한 학문'으로 읽을 수 있다.

21) "Le droit ne saurait être injuste, c'est une contradiction; mais la loi le peut être." 이 문장은 라이프니츠의 자연법 철학과 정의 이론에서 가장 중요하고 핵심적인 문장이라고 할 수 있다. 'droit'(정의로운 것)와 'loi'(법)의 구별이 라이프니츠 정의 이론의 근본적 토대라고 보는 마티아스 암가르트Matthias Armgardt도 이 문장에서 'droit', 즉 독일어로 'Recht'가 오늘날의 문헌에서 사용되는 의미가 아니라 '정의'Gerechtigkeit의 의미를 담고 있다고 보았다(Matthias Armgardt, "Die Rechtstheorie von Leibniz im Licht seiner Kritik an Hobbes und Pufendorf", in: *Das recht kann nicht ungerecht sein ... Beiträge zu Leibniz's Philosophie der Gerechtigkeit*, hg. Wenchao Li, *Studia Leibnitiana* Sonderhefte 44, Stuttgart, 2015, p. 14). '정의로운 것과 법을 혼동하는 것'을 라이프니츠 정의 이론 혹은 자연법 철학 전체의 맥락에 따라 '자연법과 실정법을 혼동하는 것'으로 읽을 수 있다.

가 있다고 생각하는 것을, 비록 항상 가시적으로, 그리고 단번에 행하지는 않더라도 확실하게 행하는 것처럼 신은 정의로운 법들을 유지할 수 있다.

따라서 결국 정의의 형식적 근거를 정하고, 행동들이 정의로운 것인지 아닌지 알기 위해 행동들을 측정하는 데 필요한 기준을 결정하는 것이 문제이다. 사람들은 이미 우리가 방금 말한 모든 것에서 그 기준을 예견할 수 있었을 것이다. 정의는 지혜와 좋음이 함께 결합된 것과 일치하는 것 이외에 다른 것이 아니다. 좋음의 목표는 가장 큰 이익bien이다. 하지만 그것을 알기 위해 지혜가 필요하고, 지혜는 이익에 대한 앎 이외에 다른 것이 아니다. 마찬가지로 더 큰 이익을 얻거나 더 큰 피해를 막기 위한 경우가 아니라면, 좋음은 모두에게 이로운 것을 행하고, 해로운 것을 막으려는 경향성 외에 다른 것이 아니다. 따라서 지혜는 지성에 있고, 좋음은 의지에 있다. 그리고 결과적으로 정의는 지혜와 좋음 이 두 가지 모두에 있다. 권력은 다른 것이다. 하지만 이 권력이 사용되면, 사물의 본성이 허용하는 한, 당위droit가 사실이 되게 하고, 존재해야 하는 것도 실제로 현존하는 것으로 만든다. 그리고 이것이 신이 세상에서 하는 일이다.

정의가 이익을 추구하고, 정의를 함께 구성하는 지혜와 좋음이 이익과 관련이 있기 때문에 사람들은 참된 이익이 무엇인지 물을 것이다. 나의 답변은 참된 이익이란 지성적 실체의 완전함에 도움을 주는 것 이외에 다른 것이 아니라는 것이다. 이로부터 분명한 것은 질서ordre, 만족contentement, 즐거움, 지혜, 좋음, 그리고 덕은 본질적으로 이로운 것들이며 결코 해로운 것이 될 수 없다는 것이다. 권력은 자연적으로, 즉 그 자체로는 이로운 것이다. 왜냐하면 나머지 모든 조건이 동일할 경우, 권력을 소유하는 것이 소유하지 않는 것보다 더 낫기 때문이다. 하지만 권력은 지혜와 연결되고 좋음과 연결될 때만 확실하게 이로운 것이 될 수 있다. 악한 자의 권력은 결국 그를 더 큰 불행에 빠뜨리게 하는 수단이 될 뿐이기 때문이다. 왜냐하면 권력은 그에게 더 많은 악을 행하게 하는 수단을 제공해 주고, 피할 수 없는 더 큰 처벌을 받아 마땅하게 하는 이유를 제공하기 때문이며, 어느 누구도 그의 무한한 통찰력과 최고의 권능에서 벗어날 수 없는, 완벽하게 정의로운 온 세상의 군주가 있기 때문이다.

그리고 우리에게 알려지지 않았지만 의심의 여지 없이 매우 지혜롭고 더 큰 이익에 기반한 이유들로 신이 현세에 행복하더라도 나쁜 사람과 불행하더라도 좋은 사람이 많이 존재하도록 허용한다는 것을 우리는 경험을 통해서 보았다. 이것이 바로잡히지 않는다면, 이런 상황은 신의 통치와 같이 완전한 통치의 규칙들과 조화되지 않을 것이다. 이로부터 다른 세상이 있으리라는 것, 그리고 영혼은 이 가시적인 물체와 함께 소멸하지 않는다는 것이 필연적으로 따라 나온다. 그렇지 않으면 처벌받지 않는 범죄가 있을 것이고 보상받지 못하는 선행이 있을 것이다. 이것은 질서에 반하는 것이다.

이 외에도 사람들은 영혼이 불멸함을 증명하는 증거들을 가지고 있다. 말하자면 행위와 인식의 원리가 물질과 같이 순전히 수동적이고, 모든 운동에 있어서 무구별적인indifferent[22] 연장된 것에서 나오지 않기 때문에, 행위와 인식은 연장이 없고 부분이 없는 단순한simple 어떤 것 혹은 비물질적인immaterial 어떤 것에서 나와야 한다. 사람들은 이것을 영혼이라고 부른다. 이제 단순한 모든 것 혹은 부분이 없는 모든 것은 분해에 종속되지 않으며, 따라서 파괴될 수 없는 것이다.[23]

22) 라이프니츠는 순수한 물질은 자기 내부에 운동의 원인을 가지고 있지 않기 때문에 물질의 운동이 무구별적indifferent이라고 표현한다. 이 'indifferent'는 우리말로 적절히 번역하기 어려운 말인데, 물질의 운동과 관련해서는 운동의 원인을 가지고 있지 않아서 무엇이 움직이는지 구별되지 않는다는 뜻이다. 이때 '순전히 수동적인 물질'을 라이프니츠는 '제일 물질'materia prima이라고 부르는데, 이것은 물질이 물리적으로 특정한 형태와 크기를 갖추기 전 상태를 가리키는 용어로 이해할 수도 있는데, 거의 추상적인 개념으로 사용한 것이라고 이해할 수도 있다. 즉 물리적으로도 현상적으로도 구체적인 크기와 형태가 정해진 '제이 물질'materia secunda이 전제하고 있는 상태를 가리키는 용어로 이해할 수 있다. 데카르트는 이런 물질은 '미세 물질'materia subtilis이라고 불렀고, 라이프니츠는 아리스토텔레스와 스콜라철학의 용어를 빌려 '제일 물질'이라고 불렀다.

23) 연장이 없고 부분이 없는 단순한 것은 라이프니츠가 형이상학에서 말하는 모나드의 속성이다. 여기서는 이것을 비물질적인 것이라고 말하고 있는데, 모나드가 오로지 영혼과 같이 비물질적인 것인지 물체적 실체와 같이 어떤 물체성을 가지고 있는지는 논쟁거리이다. 라이프니츠의 형이상학은 플라톤과 아리스토텔레스 철학에서 영향을 받았는데, 모나드의 해석에 있어서 플라톤적 전통 위주로 해석할 경우 모나드는 오로지 영혼과 같이 비물질적인 것이고, 아리스토텔레스적 전통의 관점에서 해석할 경우 모든 생명이 있는 것을 구성하는 모나드는 영혼과 함께 물체를 가지고 있는 것으로 해석된다. 물체의 운동이 살아 있는 것, 생명이 있는 것의 표식이기 때문이다. 여기서와 달리 다른 저작에서는 이 두 가지 해석이 가능하도록 쓰여 있다. 이 두 해석을 일관된 체계를 갖추도록 혼합할 수 있다. 그러면 세계를 구성하는 모나드는 완전성의 등급에 따라 가장 상위에 신적인 모나드가 자리하고, 그다음은 정신과 영혼 같은 지성적 모나드, 그리고 다음은 생명이 있는, 유기체적 모나드인데 이 유기체적

신이 우리를 보살피기 위해, 무한한 신과 비교해 볼 때 우리가 대수롭지 않은 것이라고 상상하는 인간들이 있다. 신에게 우리는 우리가 아무 생각 없이 밟아 죽이는 작은 벌레와 같다고 생각하는 것은 우리의 관점에서 본 것이다. 하지만 이것은 신을 인간과 같이 여겨서 신은 모든 것에 대해 생각할 수 없다고 상상하는 것이다. 신 자신이 무한하다는 바로 그 이유에서, 신은 별 수고를 하지 않아도 자기 의지의 결과라는 방식으로 일들을 처리한다. 이것은 마치 나와 내 친구가 결정을 내린 후에는 일치된 의견을 산출해 내기 위해 새로운 행위가 필요하지 않은 경우에 나의 의지와 내 친구의 의지가 일치하는 결과가 나오는 것과 같다. 또한 인류와 더불어 가장 작은 것이 잘 통치되지 않는다면, 온 세상도 역시 잘 다스려지지 않을 것이다. 왜냐하면 전체는 그것의 부분들로 구성되기 때문이다.

또한 현미경을 통해 곤충들과 다른 작은 것들을 관찰할 때 나타나는 것처럼 우리가 동시에 부분들을 구별하고 전체를 고찰할 수 있을 때, 우리는 가장 작은 온전한 것들choses entieres[24]에서도 질서와 경이로움을 발견한다. 그러므로 우리가 그것들을 전체로 고찰할 수 있는 능력을 가지고 있다면, 큰 것들에서도 더 강력한 근거로 기교artifice와 조화를 발견할 것이다. 그리고 무엇보다 신을 가장 닮은 실체들인 정신들의 통치에 나타나

모나드에서 정신과 신체는 절대 분리될 수 없다. 그리고 가장 낮은 등급에 순수하게 물질적인 물질적 모나드가 위치하게 된다.

[24] 부분이 아니라 매우 작은 미생물이나 곤충처럼 작지만 하나의 전체인 것을 가리킨다.

는 모든 효율적 운영 체제oeconomie에서도 그 기교와 조화가 발견될 것이다. 왜냐하면 이 실체들은 질서와 기교를 알아내고 만들어 내는 능력을 가지고 있기 때문이다. 그리고 결과적으로 그렇게 질서를 지향하는 사물들의 창조자는 피조물 각자의 완전성에 비례해서 자연적으로 질서의 원천이며 유일하게 신의 기교를 모방할 수 있는 피조물들에 대해 특별한 관심을 가졌을 것이라고 판단해야 한다. 그러나 우리가 여기 이 땅에서 살아가는 삶의 이 작은 부분에서 이런 질서와 기교가 우리에게 보이는 것은 불가능하다. 그리고 그 삶의 작은 부분은 모든 정신이 마주해야 하는, 경계 없는 한 인생의 매우 하찮은 단편일 뿐이다. 이 단편을 따로 고찰하는 것은 사물들을 두서없이 고찰하는 것이고 한 동물에서 떼어 낸 살 조각들을 서로 분리해서 고찰하는 것과 같다. 그런 살 조각에서는 동물 기관의 기교가 충분히 드러날 수가 없다.

의심할 바 없이 자연의 가장 큰 경이로움 중 하나임에 틀림없는 뇌를 관찰할 때에도 이것은 마찬가지이다. 왜냐하면 사람들이 뇌에서 어떤 특이한 것도 나타나지 않는 막연한 물질 덩어리masse만 발견할 뿐임에도 불구하고 가장 직접적인 감각 기관이 뇌에 있기 때문이다. 그렇지만 뇌는 거미줄과 비교할 수 없을 정도로 많은 일종의 미세한 섬유질을 감추고 있음에 틀림없다. 그리고 사람들은 이것을 동물 정기Esprits animaux라는 이름이 붙은 이 매우 미세한 체액이 흐르는 관일 것이라고 생각한다. 이 뇌 덩어리에는 매우 많은 다수의 관들이 있으며 그 관들은 너무 미세해서 우리의 눈으로는 볼 수가 없고, 우리가 어떤 현미경을 사용해도 이 미로를 빠져나갈 수가 없다. 왜냐하면 이 관들에 들어 있는 정기의 미세함은 빛이 가진 광선 자체의 미세함에 뒤떨어지지 않을 것이기 때문이다. 하지만 우리의 눈과 촉각은 우리의 뇌에서 특별한 모습을 보이는 어떤 것도 우리에게 표시하지 않는다. 이것은 우리의 눈에는 모든 것이 혼란스럽게 보이는 신국 치하의 지성적 실체의 통치에서도 마찬가지라고 말할 수 있다. 그렇지만 이것은 모든 완전성의 원천인 창조자에서 유래한 가장 아름답고 경이로운 세계 질서 disposition du monde여야 한다.[25] 하지만 이 세계 질서는 너무 위대하고 너무 아름답기 때문에, 우리 정신이 현재 가진 지적 능

---

25) 여기서 'disposition du monde'를 직역하면 세계의 배치 혹은 배열 정도가 될 것이다. 세계 창조에 관한 라이프니츠의 견해에서 이 말은 세상에서 발생하는 사건들이 창조자에 의해 가장 아름답고 경이롭도록 순서가 정해진다는 것이다. 어떤 사람에게 성공보다는 실패가 먼저 찾아오는 것은 인간의 관점에서는 고통스러운 일이지만 신의 관점에서는 더 큰 성공과 행복을 준비하는 과정일 뿐이다. 그리고 이 생각은 라이프니츠가 변신론을 주장하는 근거이기도 하다. 따라서 세상의 모든 일은 가장 적절하고 적합하게 질서 지워져 있다는 것이다. 이런 의미를 포함하여 '세계 질서'로 번역했다.
라이프니츠의 창조설과 관련하여 일찍이 볼테르는 『캉디드』*Candide* (1759)라는 철학 소설 작품을 통해 라이프니츠의 견해가 근거 없는 낙관주의라고 비판했다. 볼테르의 비판과 별개로, 라이프니츠의 창조설을 낙관주의로 보는 것은 'optimisme'을 잘못 번역한 탓이 크다. 그리고 여기에 볼테르의 영향도 적지 않다. 물론 사전적으로 'optimisme'이 낙관주의라고 되어 있지만 라이프니츠의 견해를 정확히 보면 이 말은 'pessimisme', 즉 비관주의의 반대로 사용된 것이 아니라 'optimal' 혹은 라틴어 'optimum'(최적, 최선)과 연결된 의미로 사용된 것이다. 따라서 '낙관주의'가 아니라 '최적주의'로 보는 것이 더 적절하다.

력으로는 충분히 또 매우 빠르게 식별해 낼 수가 없다. 여기서 벌써 그것을 보려고 하는 것은 소설을 끝에서부터 읽고 소설의 줄거리를 1권에서 간파하겠다는 것과 유사하다. 반면에 소설에서 눈에 띄는 더 큰 혼란 끝에 더 큰 질서가 나타날수록 소설의 아름다움은 더 커진다. 독자가 너무 빨리 결말을 짐작할 수 있었다면 그것은 구성을 잘못한 탓일 것이다. 더욱이 소위 창조를 모방하는 소설 속에서 호기심과 아름다움만이 이 우주의 위대하고 참된 시 속의 (말하자면 각각의 단어에서, 작품에서의) 유익함과 지혜이다. 신성한 통치의 아름다움과 정의로움은 부분적으로 우리의 눈에 가려져 있다. 보상과 처벌이 외부로부터는 여전히 눈에 보이지 않고 단지 우리의 이성의 눈 혹은 신앙의 눈에만 나타날 때, 그것이 세계의 전체적인 조화를 변경하지 않고는 다르게 될 수 없기 때문일 뿐만 아니라 자유로운 덕과 지혜 그리고 신의 비타산적 사랑이 더 많이 실행되는 것이 적절하기 때문이기도 하다. 참된 신앙은 이성에 근거를 두고 있기 때문에, 나는 여기서 이성과 신앙을 동일한 것으로 간주한다. 그리고 우리가 하나의 전체를 그것의 본성에서 고찰할 수 있을 때면 언제나 자연의 경이로움은 우리에게 신의 작용이 놀라울 정도로 아름답다는 것을 알게 해 준다. 우리는 이 아름다움이 전체에서 분리되거나 떼어진 것들에서는 보이지 않더라도, 이를 통해 우리는 아직 온전한 전체와 그것의 모든 부분을 분간할 수도 고찰할 수도 없는 모든 것들도 올바름justesse과 아름다움을 더 적게 가지고 있는 것은 아니라고 판단해야 한다. 그리고 이런 중요한 점을 잘 인식하는 것은 믿음, 소망 그리고 신에 대한 사랑의 자연적 토대를 갖추는 것이다. 이런 덕들은 신적인 완전성에 대한 인식에 근거를 두고 있기 때문이다.

자연의 작품들의 구조, 특히 현미경을 통해 더 세밀하게 관찰할 때 나타나는 구조보다 비교할 수 없는 신의 지혜를 더 잘 확인시켜 주는 것도 없다. 이를 위해서 또한 약품이나 식품을 위해서든 역학적 사용을 위해서든 우리가 사용해야 하는 물체들에 관해 얻을 수 있었던 위대한 지식들을 위해, 현미경을 통해 얻는 지식을 확장하는 것이 강력히 요구된다. 이 세상에는 거기에 헌신하는 사람이 기껏해야 열 사람 정도 있다. 이런 사람이 10만 명이 있어도 우리의 내부를 구성하고 또 우리의 지식이 지금보다 10만 배가 되도록 할 수 있는 이 새로운 세계에 관한 중요한 경이를 발견하는 데 많은 것이 아닐 것이다. 이런 이유에서 나는 위대한 군주들이 이런 일들을 조율하고, 이 일에 전념하는 사람들의 생계를 지원하기를 여러 차례 바랐다.[26] 사람들은 별들을 관찰하기 위해 천문 관측소를 세운다. 이 건축물들은 찬란하게 만들어졌고 큰 장비를 필요로 한다. 하지만 망원경은 현미경만큼 유용하지 않으며, 현미경만큼 아름다움과 인식의 다양성을 제공하지 않는다. 델프트에 사는 한 사람[27]

---

[26] 라이프니츠가 프로이센의 여러 군주들에게 영국과 프랑스의 왕립학술원 같은 학술원을 독일에도 설립해야 한다고 요청한 일을 가리킨다. 라이프니츠는 실제로 1700년 프로이센 학술원Königlich-Preußische Akademie der Wissenschaften을 건립했고 자신이 초대 원장을 맡았다.

[27] 안톤 판 레이우엔훅Antonie van Leeuwenhoek(1632~1723)을 가리킨다. 그는 네덜란드의 생물학자로 미생물학의 아버지로 알려져 있으며, 최초의 미생물학자였다. 자신이 직접 만든 현미경으로 실험과 관찰을 수행했고, 현미경을 이용해 세균과 원생동물을 최초로 관찰했다. 우물, 빗물 등

은 이 분야에서 경이로운 성공을 거두었다. 그와 같은 사람이 더 많았다면, 자연학에 대한 우리의 지식은 현재 상태를 넘어 훨씬 더 멀리 진척되었을 것이다. 공공의 유익을 위해 이런 일들을 조율하는 것은 위대한 군주들이 할 일이며 군주들이 가장 큰 관심을 갖는 일이기도 하다. 이것은 비용이 적게 들고 처리하기 그리 쉽지만은 않은 일이고 또 좋은 의지와 성공을 위한 관심만 있으면 되는 일이기 때문에, 그것을 거부할 이유가 훨씬 적다. 진리에 대한 지식이 진일보하고 공공의 유익, 즉 인간 지식의 보물을 증대하는 일에 관심이 매우 많다는 것 말고 내가 이 연구를 추천하는 다른 동기는 없다.

을 관찰하고 나서 극미동물의 존재를 세상에 알렸고, 유충이나 개미의 알 등을 관찰하고 하등동물의 자연발생설에 반대했다. 현재는 미생물micro-organism이라 불리는 단세포동물을 최초로 발견했고, 그 당시 레이우엔훅 자신은 이것을 아니마쿨레스animalcules라고 불렀다. 박테리아, 정자 운동, 모세혈관에서 혈액 순환 등을 관찰했다. 라이프니츠가 언급한 부분과 관련해서, "Observationes de natis e semine genitali animalculis", in: *Philosophical Transactions*, Nr. 142, 1677년 12월-1678년 2월 참조.

정의의 공통 개념에 관하여[1]

권리droit에 관한 대부분의 문제들, 특히 최고 권력자의 권리와 백성의 권리에 대한 문제들은 혼란스럽다. 왜냐하면 사람들이 정의의 공통 개념notion commune de la justice[2]에 대해 일치된

---

[1] 이 저작의 원어는 프랑스어이다. 이 저작도 앞의 "좋음과 정의의 본성에 관하여"와 같은 편집 역사를 가지고 있다. Georg Mollat, *Mittheilungen aus Leibnizens ungedruckten Schriften*, Leipzig, 1893, pp. 53-70(*Rechtsphilosophisches aus Leibnizens ungedruckten Schriften*, Leipzig, 1885, pp. 67-81의 개정판)에 수록되면서 알려졌다. 영어와 독일어 번역은 다음을 참고했다. *Leibniz Political Writings*, pp. 53-64. G. W. Leibniz, *Gedanken über den Begriff der Gerechtigkeit*, hrsg. Wenchao Li, übers. Pierre Castagner, Nina Asmussen, Stefanie Ertz und Stefan Luckscheiter, Hannover, 2014, pp. 35-51. 원문은 17세기 프랑스어라서 현대적 표기를 확인할 때에는 *Le Droit de la Raison*, pp. 120-136을 참고했다.

[2] '공통 개념'이라는 용어에 대해 그리고 그것이 이 저작에서 말하고 있는 필연적 진리에 속한다는 주장과 관련하여 『신인간지성론』, 서문에서 라이프니츠의 자세한 설명을 볼 수 있다.

> 스토아학파는 이 원리들을 예기豫期, Prolepses, 즉 근본 가정 혹은 앞서 인정된 것으로 간주하는 것이라고 부른다. 수학자들은 이것을 공통 개념κοινὰς ἐννοίας이라고 부른다. 근대 철학자들은 이것에 다른 좋은 이름을 붙였고 율리우스 스칼리거는 특히 영원성의 종자semina aeternitatis 혹은 마찬가지로 'Zopyra'라는 이름으로 불렀다. 이것은 마치 부싯돌에 충격을 주어 불티가 생기는 것처럼 우리 내부에 감춰져 있지만 감각을 자극해서 나타나게 하는 살아 있는 불, 빛나는 특질들을 말하려고 했던 것 같다. 그리고 이런 광채가 특히 필연

견해를 보이지 않기 때문이다. 그래서 사람들은 같은 이름하에서 같은 것을 이해하지 못하고 있으며, 따라서 이것은 끝없는 논쟁의 원인이 되고 있다.

사람들은 아마도 어디에서나 다음과 같은 명목적 정의_{defi-}

적 진리들에서 나타나는 어떤 신적이고 영원한 것을 가리킨다고 믿는 데에도 근거가 없는 것은 아니다. 여기서 다른 문제가 생긴다. 즉 모든 진리가 경험에 의존하는지, 말하자면 귀납과 사례에 의존하는지 혹은 다른 근거도 가지고 있는 진리가 있는지 하는 것이다. 왜냐하면 어떤 사건들이 모든 시험을 해 보기도 전에 예견될 수 있다면, 우리는 우리 입장에서 어떤 기여를 하는 것이 명백하기 때문이다. 감각이 우리의 모든 현실적 인식을 위해 필요하기는 하지만 우리에게 전체 인식을 주기에는 충분하지 않다. 감각은 항상 사례들, 즉 특수한 진리들 혹은 개별적 진리들만을 주기 때문이다. 일반적 진리들과 일치하는 사례들의 수가 얼마나 많든 간에 그 모든 사례들은 이와 같은 진리의 보편적 필연성을 정립하기에는 충분하지 않다. 왜냐하면 일어난 사건이 항상 동일하게 일어날 것이라는 것이 따라 나오지 않기 때문이다. [……] 순수수학에서, 특히 산술학과 기하학에서 발견되는 필연적 진리들은 그것의 증명이 사례들에 의존하지 않는, 따라서 감각의 증거에 의존하지 않는 원리들을 가지고 있어야 한다는 것이 드러난다. 비록 감각 없이는 우리가 그런 진리들에 대해 생각하는 일이 결코 일어날 수 없을지라도 말이다. 이것은 세밀하게 구별해야 하는 것이다. 그리고 유클리드는 이것을 매우 잘 이해하고 있었다. 그래서 그는 경험을 통해서 그리고 감각 가능한 상들을 통해서 충분히 알 수 있는 것을 이성을 통해서 증명하기도 한다. 논리학은 필연적 진리들로 가득 차 있고 이와 더불어 자연신학을 구성하는 형이상학과 자연권 이론_{Jurisprudence naturelle}을 구성하는 도덕학도 마찬가지로 그런 필연적 진리들로 가득 차 있다. 따라서 그것의 증명은 사람들이 본유 원리라고 부르는 내적 원리들에서만 나올 수 있다(라이프니츠, 『신인간지성론 1』, 이상명 옮김, 아카넷, 2020, 서문, 21-23쪽).

nition nominale에 동의할 것이다. 정의란 어느 누구도 우리에게 항의할 이유가 없도록 노력하려는 변함없는 의지이다. 하지만 사람들이 [어느 정도의 이유인지] 그 이유를 결정하는 방법을 제시하지 않은 한, 이 정의는 충분하지 않다.

    이제 내가 지적하고자 하는 것은, 한 부류는 인간이 항의할 수 있는 이유를 좁히고, 다른 부류는 그 이유를 넓힌다는 것이다. 다음과 같이 믿는 사람들이 있다. 다른 사람들에게 피해를 주지 않는 것, 그리고 그들이 소유하고 있는 것을 그들에게서 빼앗지 않는 것으로 충분하다. 그리고 그런 사람들은 다른 사람들에게 이익인 것을 마련해 주거나 그들의 피해를 막아 주는 것이 우리에게 아무런 비용도 들지 않고 어떤 고통도 주지 않을 때조차도 그렇게 하는 것이 결코 의무는 아니라고 믿는다. 세상에서 위대한 정의의 수호자로 간주되는 많은 사람들이 이 경계선에 머물러 있다. 그들은 자신이 다른 사람들에게 해를 끼치지 않는 것으로 만족한다. 하지만 그들은 사람들을 기분 좋게 하려는 마음은 없다. 한마디로, 그들은 박애를 행하지charitable 않고도 정의로울 수 있다고 믿는다.

    하지만 더 대단하고 더 훌륭한 견해를 가지고 있는 다른 사람들이 있다. 그들은 호의bonté가 부족하다고 자신들에게 항의하는 것을 원하지 않을 것이다. 그들은 내가 『만민 외교법』Codex juris gentium 서문에 쓴 내용에 동의할 것이다. 그것에 따르면, 정의란 지혜로운 사람의 박애la charité du sage, 즉 지혜를 따르는, 다른 사람들에 대한 호의 이외에 다른 것이 아니다. 그리고 내가 이해하는 지혜란 행복Felicité에 대한 앎 외에 다른 것이 아니다.

    인간에게는 말의 의미를 다르게 사용하는 것이 허용된다.

그리고 만약 누군가가 정의라는 명사를 박애라는 명사와 대립시키기 위해 고집스럽게 제한하려고 한다면, 언어를 바꾸라고 그를 강제할 방법은 없다. 명사들은 임의적이기 때문이다. 그렇지만 우리에게는 그가 정의라고 부르는 것에 대해 그 근거를 묻는 것이 허용된다. 그런 근거가 그를 좋은 사람이 되게 하고, 또 좋은 행동을 하게 하는지 보기 위해서 말이다.

다른 사람들을 지휘할 책임이 있는 사람들, 예를 들면 후견인들, 사회의 지도자들 그리고 몇몇 행정관들은 피해를 막아야 하는 의무뿐만 아니라 이익인 것을 마련해 주어야 하는 의무도 가진다는 나의 생각에 사람들은 동의할 것이다. 하지만 누군가는 책임에서 자유로운 인간 혹은 한 국가의 최고 권력자가 동일한 의무를 갖는지에 대해 아마도 의심할 수 있을 것이다. 전자는 어떤 특정한 상황에서 다른 모든 사람과 관련해서, 그리고 후자는 그의 신민들과 관련해서 동일한 의무를 갖는가 하는 것 말이다. 이 문제에 대해 나는 한 사람이 다른 사람에게 피해를 주지 않도록 만드는 것이 무엇인지 물을 것이다.

사람들은 이에 대해 하나 이상의 이유를 제시할 수 있다. 가장 절실한 이유는 사람들이 우리에게 앙갚음을 하리라는 두려움일 것이다. 하지만 우리가 우리에게 아무런 불편도 주지 않는 그들의 구조 요청을 거절했을 때도, 그리고 그들을 고통에 빠지게 할 것 같은 해악을 막는 것을 무시했을 때도, 사람들이 우리를 미워하게 될 것을 두려워해야 하는 것 아닌가? 어떤 사람들은 이렇게 말할 것이다. 나는 다른 사람들이 내게 해를 끼치지 않는 것으로 만족한다. 나는 그들에게 어떤 도움도 선행도 요구하지 않는다. 그리고 나는 그 이상을 행하고 싶지도 않고 요구하고 싶지도 않다.

하지만 우리가 진심으로 이런 말을 할 수 있을까? 우리 자신이 실제로 불행에 빠지기 직전의 상황에 있다는 것을 알게 되었을 때, 그리고 다른 사람이 한 번만 손을 쓰면 우리가 그 상황에서 벗어날 수 있을 때, 우리가 어떤 말을 할 것이고, 무엇을 바랄 것인지 상상해 보자. 이런 상황에서 그가 우리를 구하려 하지 않는다면, 우리는 그를 악한 사람으로 여기거나 더 심하게는 그를 적으로 여기지 않겠는가? 나는 동인도 여행기에서 코끼리 한 마리에게 쫓기던 한 사람이 구출되었다는 이야기를 읽었다. 이웃집에 사는 어떤 사람이 북을 두드려 그 짐승을 멈추게 했기 때문이다. 쫓기던 사람이 이웃집 사람에게 북을 치라고 소리를 질렀고, 그 이웃집 사람이 전적으로 순수한 잔인함으로 인해 북 치기를 원하지 않았다고 가정해 보자. 그렇다면 그는 이웃 사람에게 항의할 권리가 있지 않았을까?

따라서 쉽게 할 수 있다면 다른 사람의 피해를 막아야 한다는 내 주장에 사람들은 동의할 것이다. 하지만 정의가 다른 사람에게 적극적으로 이익이 되는 행동을 하라고 명령한다는 내 주장에 대해서는 아마도 동의하지 않을 것이다. 그렇다면 내가 묻고 싶은 것은 적어도 다른 사람의 피해를 줄여 주어야 할 의무는 없는지 여부이다. 그리고 나는 다시 시금석, 즉 "사람들이 당신에게 행하기를 원하지 않는 것"[3]이라는 규칙으로 돌아간다.

당신이 비참한 상황에 빠져 있다고 상상해 보자. 당신을 쉽게 구할 수 있는데도 당신을 구해 주지 않은 사람들에게 당신은 항의하지 않을 것인가? 당신이 물에 빠졌다고 가정해 보자.

어떤 사람이 당신이 물에서 빠져나올 수 있도록 밧줄 하나를 던져 주려고 하지 않는다면, 당신도 그를 악한 사람이라고, 심지어 적이라고 판단하지 않겠는가? 당신이 극심한 통증으로 고통받고 있고, 다른 사람이 자신의 집에 당신의 고통을 줄여 줄 수 있는 몸에 좋은 분수대 물을 열쇠로 잠그고 있다고 가정해 보자. 그가 당신에게 그 물 몇 잔을 가져다주는 것에 동의하지 않으려고 한다면, 당신은 아무런 말도 하지 않고 아무런 행동도 하지 않을 것인가?

단계적으로 논의를 진척시켜 보면, 인간은 해 끼치기를 삼가야 할 뿐만 아니라 피해 발생을 막아야 하며, 그래도 피해가 발생할 때는 그 피해를 줄여야 한다는 데 사람들은 동의할 것이다. 적어도 불편함 없이 그것을 할 수 있는 한에서 말이다. 그리고 나는 어디까지가 이 불편함에 해당할 수 있는지에 대해 지금은 검토하지 않는다. 그렇지만 다른 사람에게 이익을 마련해 주는 것을 어려움 없이 할 수 있을 때, 그렇게 하는 것이 의무인가에 대해 사람들은 아마도 여전히 의심스러울 것이다. 어떤 사람은 이렇게 말할 것이다. 당신이 이익을 얻도록 해 주는 것이 내게 의무는 아니다. 각각의 인간은 자신의 이익을 위해 행동하고, 신은 모두의 이익을 위해 행동한다. 그러나 나는 다시 한번 중재적 경우를 제안하려고 한다. 당신에게 커다란 이

---

3) "quod Tibi non vis fieri." 『마태복음』 7장 12절, 『누가복음』 6장 31절 참조. 라이프니츠는 소위 황금률이라고 알려진 규칙을 자연법의 두 번째 등급이자 형평의 원리로 보고 있다.

익이 다가오고 있다. 장애물이 하나 있긴 하지만 그것은 내가 어렵지 않게 제거할 수 있다. 그렇다면 당신은 내게 그것을 요구할 권리droit를 가지고 있다고 생각하지 않는가? 그리고 내가 똑같은 상황에 처해 있었다면, 나도 당신에게 똑같이 그렇게 요구했을 것임을 기억하라고 할 권리를 가지고 있다고 생각하지 않는가?

당신은 이 점에 대해 당신 자신을 거의 방어할 수 없기 때문에, 당신이 이 점에 있어서 내게 동의한다면, 내게 커다란 이익을 가져다주는, 유일하게 남아 있는 이 요구를, 그 요구가 어떤 식으로도 당신에게 불편함을 주지 않고 당신이 그것을 행할 수 있을 때, 그리고 당신이 그 요구를 거부할 수 있는 이유를 내세울 수 없을 때, 당신은 어떻게 저 요구를 거절할 수 있겠는가? 단순히 '나는 그것을 원하지 않는다.'라고 말하는 경우가 아니라면 말이다. 당신은 나를 행복하게 할 수 있는데도 그것을 하지 않는다. 그렇다면 나는 항의한다. 당신도 똑같은 상황에서 항의할 것이다. 따라서 나는 정당하게avec justice 항의한다.[4)]

이렇게 단계를 구분해서 보면 사람들이 다른 사람들에게 피해를 주는 행동을 하는 것이든, 이익을 거부하는 것이든지 간

---

4) 어떤 사람에게 항의할 권리가 있다고 생각할 때는 항의할 이유가 있을 때이다. 어떤 사람의 항의가 정당성을 얻게 되는 것은 상대가 요구를 거절했기 때문이다. 동일한 상황에서 도움 요청을 거절했을 때 상대에게 항의의 정당성이 부여된다. 왜냐하면 상대도 똑같은 상황에서 똑같이 항의할 것이기 때문이다.

에 항의의 이유가 언제나 동일하다는 것을 알 수 있다. 이유가 더 많고 적음의 차이는 있겠지만, 그것이 사안의 종류와 본성을 바꾸지는 않는다. 또한 사람들은 선의 부재가 악이고 악의 부재가 선이라고 말할 수도 있다. 일반적으로 사람들은 당신에게 어떤 일을 하라거나 혹은 어떤 일을 잊으라고 요구한다. 당신이 그 요구를 거절하면, 사람들은 요구를 거절한 것에 대해 항의할 이유를 갖는다. 왜냐하면 사람들은, 당신이 그런 요구를 하는 사람의 입장에 있다면 당신도 동일한 요구를 할 것이라고 판단할 수 있기 때문이다. 그리고 이것이 형평Equité의 원리이며, 평등Egalité의 원리 혹은 동일한 이유의 원리와 같은 것이다. 이 원리는 동일한 이유에 반하는 특권이 있다고 주장하지 않는 한, 혹은 자신의 의지를 이유로 내세울 수 있다고 주장하지 않는 한, 사람들은 똑같은 경우에 원하는 것에 대해 의견이 일치한다는 것을 의미한다.

그러므로 엄격한 권리라고 불리는 [자연]법의 명령le precepte du droit은 '다른 사람에게 피해를 주지 마라', 'neminem laedere.'[5]라고 할 수 있을 것이다. 하지만 형평은 저 요구가 적절할 때, 사람들이 이익이 되는 것을 행할 것도 요구한다. 그리고 바로 이 지점에서 '각자에게 속하는 것을 각자에게 주어라', 'suum cuique tribuere.'라는 형평의 명령이 성립한다. 그런

---

5) 라이프니츠는 이 부분에서 프랑스어 문장 다음에 같은 뜻을 가진 라틴어 문장을 병기하고 있다. 프랑스어는 번역하고 라틴어 문장은 그대로 두었다. 그 의미는 이 책 여러 곳에서 이미 번역되어 있고, 특히 "자연법의 세 등급"에서 확인할 수 있다.

데 이 적절한 요구가 무엇인지 혹은 자신에게 속하는 것이 무엇인지는 형평의 규칙regle 혹은 평등의 규칙을 통해 알게 된다. 그 규칙이란 '다른 사람이 당신에게 행하기를 원하지 않는 것은 다른 사람에게 행하지 말고 또 다른 사람이 당신에게 행하길 원하는 것은 다른 사람에게도 행하라.'[6)]는 것이다. 이것은 이성의 규칙이고 우리 주notre seigneur의 규칙이다. 타인의 입장에서 보라.[7)] 그러면 당신은 무엇이 정의로운 것이고 무엇이 정의롭지 않은 것인지 판단하는 참된 관점을 가지게 될 것이다.

사람들은 이 중대한 규칙에 대해 몇몇 반론을 제기했다. 하지만 그 반론들은 이 규칙이 어디에서나 적용되지 않는다는 것에서 나온다. 예를 들어 사람들은, 범죄자가 이 원칙 덕에 최고 재판관에게 용서를 구할 수 있다는 반론을 제기한다. 왜냐하면 이 재판관도 똑같은 상황에 처해 있다면 같은 것을 원했을 것이기 때문이다. 답변은 간단하다. 재판관은 범죄자의 입장뿐만 아니라 그 범죄가 처벌받는 것과 관련이 있는 다른 사람의 입장에서도 봐야 한다. 그리고 이익의 우선성(여기에는 더 적은 피해도 포함된다)에 따라 이를 결정해야 한다. 다음과 같은 반론도 사정은 마찬가지다. 즉 분배적 정의justice distributive는 인간들 간에 불평등을 요구한다. 한 사회에서 이득은 각자가 사회에 기여한 바에 비례해 나누어야 하며, 그래서 각 사람의 공적

---

6) "quod tibi non vis fieri aut quod tibi vis fieri, neque aliis facito aut negato." 『마태복음』 7장 12절, 『누가복음』 6장 31절 참조. 보통 황금률이라고 알려진 규칙이다.
7) 이 책 "도덕과 정치에서 타인의 입장"이 이와 관련된 단편이다.

功績과 과실過失을 고려해야 한다는 반론이다. 이 반론에 대한 답변 역시 간단하다. 당신이 모든 사람의 입장에 서 보라. 그리고 그들이 충분한 정보를 제공받았고 제대로 계몽되었다고 가정해 보자. 당신은 그들의 동의로부터 다음의 결론을 얻을 것이다. 그들은 그들 자신의 이해관계에 적합하게 판단하고, 사람들은 서로 구별된다는 결론 말이다. 예들 들어 보자. 한 상사에서 이득이 비율에 따라 배분되지 않았다면, 사람들은 그 상사에 입사하지 않거나 아주 빨리 퇴사할 것이다. 이것은 사회 전체의 이해관계에 반하는 것이다.

그러므로 적어도 인간들 사이에서 정의는, 우리가 똑같은 경우에 다른 사람에게 항의하지 않을 때, 가능한 한 어느 누구도 우리에게 항의할 수 없도록 행동하려 하는 변함없는 의지라고 말할 수 있을 것이다. 이로부터 다음이 명백하다. 온 세상이 만족할 정도로 행동하는 것은 불가능하기 때문에, 우리는 가능한 한 많은 사람들이 만족할 수 있도록 노력해야 한다. 그래서 정의로운 것은 지혜로운 사람의 박애와 일치한다.

지혜는 우리 자신의 이익에 대한 앎이고, 이 지혜가 우리를 정의로 인도한다. 말하자면 다른 사람의 이익의 합리적 증진으로 인도한다. 우리는 이미 이에 대한 이유로 두려움을 내세웠다. 즉 우리가 다르게 행동한다면 사람들은 우리에게 해를 끼칠 것이라는 두려움 말이다. 하지만 다른 사람들이 우리에게 똑같이 행동할 것이라는 희망도 여전히 존재한다. "인간에게 인간은 신과 같고, …… 인간에게 인간은 늑대와 같다."[8]라는 격언보다 이것을 더 확실하게 표현하는 것은 없다. 사람들보다 인간의 행복과 불행에 더 많이 기여할 수 있는 것은 없다. 만약 그들이 모두 지혜롭고, 서로 제대로 처신하는 법을 알았다면, 그들은 모두 인간의 이성을 통해 얻을 수 있는 만큼 행복했을 것이다.

하지만 사안의 본성에 더 깊이 들어가기 위해서라면 허구적 이야기를 만들어 내는 것이 허용된다. 다른 사람에게 아무런 두려움도 가지고 있지 않은, 한 인격체personne를 가정해 보자. 그는 인간보다 우월한 힘을 가지고 있고, 어떤 정령과 같고, 이방인들이 신성이라고 불렀을 어떤 실체와 같은 것이고, 불멸하고, 손상시킬 수 없으며 정복할 수 없는 어떤 인간과 같다. 끝으로 그는 우리에게 어떤 두려움도 가지고 있지 않으며 우리에게서 어떤 희망도 얻지 못하는 인격체이다. 그래도 우리는 이 인격체가 우리에게 나쁜 행동을 하지 않고 이익이 되는 행동을 해야 할 의무가 있다고 말할 수 있는가? 홉스 씨는 아니라고 말할 것이다. 심지어 그는 덧붙여 이 인격체가 우리를 정복한 후에는 우리에 대해 절대적인 권한을 가질 것이라고 말할 것이다. 왜냐하면 우리는 우리가 방금 지적한 이유를 통해 이 정복자에게 항의할 수 없을 것이기 때문이고, 또 그는 우리를 위한 모든 배려가 면제되는 다른 조건을 가지고 있기 때문이다.[9]

---

8) "Homo homini deus, ⋯ homo homini lupus." Symmachus, *Epistolae* IX, 114; Plautus, *Asinaria*, II, 88. Thomas Hobbes, *De Cive*, Epistola dedicatoria[『시민론: 정부와 사회에 관한 철학적 기초』, 이준호 옮김, 서광사, 2013, 17-29쪽] 참조.

9) Thomas Hobbes, *De Cive*, Ch. 15, 5[『시민론: 정부와 사회에 관한 철학적 기초』, 이준호 옮김, 서광사, 2013, 262-263쪽]. 여기서 인격체는 홉스가 말

하지만 허구적 이야기가 필요하지 않다고 한다면, 우리는 이성이 우리에게 알게 해 준 최고의 신성에 대해 무엇을 말할 것인가? 이 위대한 신은 최고로 정의롭고 최고로 좋다는 것을 그리스도교인들은 인정하고 있으며 다른 사람들도 인정해야 한다. 하지만 신이 그렇게 많은 호의를 우리에게 나타낸 것은 그 자신의 안정을 위한 것이 아니며 우리와 평화를 유지하기 위한 것도 아니다. 우리는 신을 상대로 전쟁을 할 수 없기 때문이다. 그러면 신에게 정의의 원리는 무엇이고 정의의 규칙은 무엇인가? 그것은 인간들 사이에서 발생하는 저 형평이나 평등은 아닐 것이다. 이 형평이나 평등은, 사람들이 자기 자신에게 해 주길 원하는 것을 다른 사람에게도 해야 한다는 인간 조건의 공통 숙명 le sort commun de la condition humaine을 우리가 고찰하도록 해 주는 것이다.

우리는 신에게서 완전성이라는 동기 외에 어떤 다른 동기를 고찰할 수가 없다. 혹은 당신이 원한다면, (나의 정의에 따라)[10] 기쁨plaisir은 완전성에 대한 감정 외에 다른 것이 아니라고 가정하면, 신의 기쁨이라는 동기만 있을 뿐이라고 말해도 좋을 것이다. 신은 외부로부터는 아무것도 기대하지 않으며, 반대로 모든 것이 신에게 의존하고 있다. 그러나 신이 할 수 있는 만큼 이

한 국가라는 이름의 괴물, 리바이어던을 암시하는 것으로 보인다.

10) 라이프니츠가 말하는 자신의 정의는 다음을 참조할 것. A II, 3, 442: 1698년 5월 4/14일 Claude Nicaise에게 쓴 서신; A VI, 6, 194: *Nouveaux essais sur l'entendement humain*, 2부, 21장 § 42[『신인간지성론 1』, 이상명 옮김, 아카넷, 2020, 256쪽].

익과 완전성을 지향하지 않는다면, 그의 행복은 최고가 아닐 것이다.

하지만 내가 진정으로 덕이 높고 고결한 인간들에게도 이와 같은 동기가 있다는 것을 보여 준다면 사람들은 뭐라고 말할까? 그런 인간들 중에서 최고의 등급은 인간 본성이 할 수 있는 최대한 신성을 모방하는 것이다. 앞에서 언급한 두려움과 희망이라는 이유들은 사람들을 공개적으로 그리고 그들의 이해관계를 위해 필요할 때, 정의롭게 행동하도록 이끌 수 있었다. 심지어 그 이유들은 그들에게 어릴 때부터 정의의 규칙을 실천하는 훈련을 의무로 하게 할 것이다. 이 훈련은 정의의 규칙을 실천하는 습관을 들이기 위한 것이고, 너무 쉽게 자신의 이익에 반하는 행동을 하는 것과 그로 인해 다른 사람들 곁에서 스스로 해를 입는 것에 대한 두려움을 갖게 하기 위한 것이다. 그렇지만 다른 동기가 없다면, 이것은 근본적으로 단지 정치적 동기일 것이다. 그리고 이런 정치적 동기의 기준에서 정의로운 어떤 사람이 알려지지 않거나 적어도 처벌받지 않은 큰 범죄를 이용해서 큰 행운을 만드는 기회를 발견하게 된다면, 그는 에우리피데스Euripides를 따라 율리우스 카이사르Julius Caesar처럼 다음과 같이 말할 것이다.

법을 어겨야 한다면, 통치권을 잡기 위해서만 하라.[11]

---

11) "Si violandum est jus, regnandi gratia violandum est." Euripides, *Phoenissae*, 524-525; Sueton, *De vita Caesarum libri octo, Julius*, 30, 5. 키

하지만 그런 유혹을 견뎌 내는 정의감을 가진 사람들이 있다. 그들은 태어나면서부터 혹은 훈련을 통해 얻고 이성에 의해 규제된 성향 외에 다른 동기를 가질 수 없다. 이 이성은 그들에게 정의의 실행으로 많은 기쁨을 느끼게 해 주고, 부정의한 행동에서 많은 추함을 알게 해 준다. 다른 기쁨이나 불쾌는 어쩔 수 없이 자리를 얻지 못한다.

덕, 즉 의지의 완전성에서 가장 큰 기쁨을 발견하고, 악덕, 즉 의지의 불완전성에서 가장 큰 고통을 발견할 이런 정신의 평안Serenité d'esprit이 인간이 이 땅에서 이를 수 있는 가장 큰 이익이라고 할 수 있다. 저세상에서는 기대할 것이 아무것도 없긴 하지만 말이다. 왜냐하면, 우리가 항상 주인이고 싫증 낼 줄 모르는 이 내면의 조화, 가장 순수하고 가장 위대한 것으로부터 오는 연속적 기쁨보다 무엇을 더 선호할 수 있겠는가? 하지만 이런 정신의 상태disposition d'esprit에 이르는 것이 어렵다는 것, 이 정신의 상태에 도달한 인간의 수가 적다는 것 그리고 대부분의 인간들은 이 동기가 얼마나 위대하고 얼마나 아름다운지 감지하지 못한다는 것을 인정해야 한다. 이런 이유에서 시암 사람들les Siamois이 이 단계의 완전성에 도달한 사람들은 신

케로의 라틴어 번역을 다음에서 확인할 수 있다. Cicero, *De Officiis*, Bk. III, 82[『의무론』, 임성진 옮김, 아카넷, 2024, 208쪽] 참조. 전문은 "Nam si violandum est jus, regnandi gratia violandum est: aliis rebus pietatem colas"(법을 어겨야 한다면, 통치권을 잡기 위해서만 하라. 다른 모든 경우에서는 법을 수호하라). Jon R. Stone, *The Routledge Dictionary of Latin Quotations*, New York, 2005, p. 65 참조.

성을 보상으로 받는다고 믿었던 것으로 보인다.[12]

따라서 사물을 창조한 자의 좋음은 모든 인간이 더 잘 도달할 수 있는 동기를 제공했다. 창조자는 그가 우리에게 제공한 이성의 영원한 빛을 통해, 그리고 우리의 눈앞에 내놓은 자신의 무한한 능력과 지혜 그리고 좋음의 경이로운 결과들을 통해 알게 한 것처럼 인류가 그 동기를 알도록 한 것이다.

이 지식은 우리가 신을 온 세상 최고의 군주로, 신의 통치가 우리가 생각할 수 있는 가장 완전한 국가라고 여기지 않을 수 없게 한다. 이 국가에서는 어떤 것도 무시되지 않으며, 우리의 모든 머리털이 헤아려지고,[13] 모든 당위는 자기 자신에 의해서든 그와 동등한 어떤 것에 의해서든 사실이 된다. 따라서 정의는 신의 뜻과 일치하는 어떤 것이며, 명예로운 것과 유익한 것 사이에 어떤 대립도 발생할 수 없다. 결국 정의롭지 않은 것은 현명하지 않은imprudent 것임에 틀림없다. 왜냐하면 우리는 우리가 행한 일이 정의로운지 부정의한지에 따라 그 행동이 좋은 것인지 나쁜 것인지 알아내지 못하는 일은 결코 없을 것이기 때문이다.

그러나 신의 통치에는 여전히 이 모든 것보다 더 아름다운 어떤 것이 있다. 키케로가 이상적 정의에 관해 우의적으로 말

---

12) '시암'Siam은 현재의 태국을 외국에서 부를 때 사용했던 오래된 외국어 지명이고, 'Siamois'는 시암에 거주하는 사람들을 가리키는 프랑스어이다. 여기서 시암 사람들에 관한 이야기는 다음을 참조할 것. S. de La Loubère, *Du royaume de Siam*, Paris, 1691, 1권, p. 498.
13) 『누가복음』 12장 7절 참조.

했던 것은 신의 관점에서는 실제로 일어나는 것인데, 그것이 실체적 정의justice substantielle이다.[14] 우리가 이런 정의를 볼 수 있었다면, 그것의 아름다움에 열광했을 것이다. 우리는 신의 왕국과 엘리자베스 여왕보다 더 영적이고 더 박식한 여왕이 최고 권력을 가진 왕국을 비교할 수 있고, 앤 여왕보다 더 분별 있고 더 행복한, 한마디로 더 위대한 여왕이 최고 권력을 가진 왕국을 비교할 수 있고, 프로이센의 여왕보다 더 영리하고 더 지혜로우며 더 아름다운 여왕이 최고 권력을 가진 왕국을 비교할 수 있다.[15] 끝으로 가능한 한 완성된 어떤 왕국과도 비교할 수 있다. 이 여왕의 완전함이 그 신민들의 마음에 어떤 특정한 인상을 주고, 그 신민들이 그녀에게 순종하고 그녀를 기쁘게 하면서 가장 큰 즐거움을 느낀다고 상상해 보자. 이 경우 모든 사람은 성향상 덕이 있고 정의로울 것이다. 이것은 문자 그대로 신과 관련하여 그리고 신을 알고 있는 사람들과 관련하여 우리가 상상할 수 있는 모든 것 이상으로 발견되는 것이다. 신 안에서 지혜, 덕, 정의, 위대함은 최고의 아름다움을 동반한다. 우리는 모든 것에 대한 사랑을 넘어설 정도로 신을 사

---

14) Cicero, *De officiis*, Bk. III, 37-38[『의무론』, 임성진 옮김, 아카넷, 2024, 182-183쪽] 참조.
15) 여기서 엘리자베스 여왕은 1588년부터 1603년까지 영국을 통치한 여왕 엘리자베스 1세Elisabeth I를 가리키고, 앤 여왕은 1702년부터 1707년까지 영국과 스코틀랜드를 통치하고 1707년부터 1714년까지 대영제국을 통치한 여왕 앤 스튜어트Anne Stuart를 가리킨다. 프로이센의 여왕은 1701년부터 1713년까지 프로이센을 통치한 조피 샤를로테Sophie Charlotte를 가리킨다.

랑하지 않고는 신을 제대로 인식할 수 없다. 그리고 마찬가지로 우리는 신이 원하는 것을 원하지 않고는 신을 사랑할 수가 없다. 신의 완전성은 무한하며, 완전하지 않게 될 수 없다. 이런 이유에서 신의 완전성에 대한 감정으로 이루어지는 즐거움은 가장 위대하고 가능한 한 가장 지속적이다. 말하자면 이 즐거움이 가장 큰 행복이다. 그리고 이것이 사람들이 신을 사랑하게 만드는 것이며, 동시에 사람들을 행복하고 유덕하게 만드는 것이다.

이에 따라 우리는 단호하게 정의란 지혜와 일치하는 좋음이라고 말할 수 있다. 심지어 이것은 이 지혜에 도달하지 못한 사람들에게서도 마찬가지이다. 왜냐하면 신을 별개로 놓고 보더라도, 정의에 따라 행동하는 대부분의 사람들은, 심지어 모든 일에서 그들 자신의 이해관계에 반해 정의를 따르는 대부분의 사람들은 일반적 이익bien general에서 즐거움을 발견하는 지혜로운 사람이 요구하는 것을 실제로 행하기 때문이다. 하지만 어떤 특정한 경우에 그들은 이 덕의 즐거움을 느낄 수 없기 때문에, 그들 스스로 지혜롭게 행동하지 않을 것이다. 그리고 그들의 사심 없는 행동이 찬사나 명예로 혹은 재산이나 다른 어떤 것으로도 보상되지 않을 경우 그들은 현명함prudence에 가장 잘 부합하는 식으로 행동하려고 하지 않을 것이다. 하지만 사람들이 정의가 지혜로운 사람의 의지와 일치하고, 지혜로운 사람의 지혜가 무한하며 그의 능력은 지혜에 비례한다는 것을 주목하자마자, 그들이 그런 지혜로운 사람의 의지와 일치하지 않으면, 자신이 지혜롭지(즉 현명하지) 않으리라는 것을 알게 된다.

이를 통해 사람들은 정의가 다른 방식으로 받아들여질 수 있다는 것을 알게 된다. 사람들은 정의를 박애에 대립시킬 수 있다. 그러면 정의는 단지 엄격한 권리일 뿐이다. 또한 사람들은 정의를 그것을 연습해야 하는 사람들의 지혜에 대립시킬 수 있다. 그러면 정의는 일반적 이익과 일치한다. 그렇지만 특정한 경우, 예를 들어 신과 불멸성이 고려되지 않을 경우, 개별적 이익이 정의에서 드러나지 않을 수도 있다. 하지만 우리가 신과 불멸성을 고려할 때, 우리는 일반적 이익에서 항상 우리 자신의 이익을 발견한다.

    사람들이 신을 빼고 생각하거나 신의 통치를 모방하는 통치를 빼고 생각할 때, 정의는 개별적 덕에 불과하고, 이렇게 제한된 덕은 교환적 정의 그리고 분배적 정의라고 부르는 것만을 포함하는 반면, 정의가 신 혹은 신에 대한 모방에 근거를 둘 때 곧바로 보편적 정의 justice universelle가 되고 모든 덕을 포함한다고 말할 수 있다. 왜냐하면 우리가 사악할 때, 우리는 우리 자신에게 해를 끼칠 뿐만 아니라 신이 군주인 위대한 국가의 완전성을, 우리에게 의존하는 만큼 떨어뜨리기도 하기 때문이다. 결과적으로 악이 최고 지배자의 지혜에 의해 바로잡힌다 하더라도, 이것은 부분적으로 우리에 대한 처벌을 통해 바로잡힌다. 그리고 보편적 정의는 '명예롭게 (즉 정직하게, 경건하게) 살아라.'라는 최고의 명령을 통해 그 특징이 드러난다. '각자에게 자신의 것을 주어라.'라는 명령이 일반적으로는 개별적 정의와 일치하고 (더 좁게 봐서) 개별적으로는 (인간들 간의 차이를 구별하는) 분배적 정의와 일치하는 것처럼, 그리고 '누구에게도 피해를 주지 마라.'라는 명령이 사람들이 어떤 용어를 사용하는

가에 따라 교환적 정의를 지지하거나 형평과 반대되는 엄격한 권리를 지지한다.

아리스토텔레스는 이 보편적 정의를 신과 관계시키지는 않았지만 사실상 이것을 알고 있었다.[16] 그럼에도 나는 그가 정의에 대한 매우 고귀한 견해를 가지고 있었다는 점에서 그의 훌륭함을 인정한다. 하지만 아리스토텔레스에게 지상의 신의 자리를 대신하는 것은 잘 구성된 정부이거나 국가이다. 그리고 이 정부는 인간들이 덕 있는 존재가 되도록 강제하기 위해 할 수 있는 일을 할 것이다. 하지만 내가 이미 말했던 것처럼, 사람들이 덕을 자신들의 가장 큰 즐거움으로 여기도록 그들을 고양해 주는 비범한 비밀을 발견하지 않는 한, 이 삶의 사리사욕을 위하는 이 원칙만으로는 인간들이 어떤 상황에서도 덕 있는 존재가 되도록 강제할 수 없다. 아리스토텔레스는 [보편적 정의를] 보여 주기보다는 희망했던 것으로 보인다. 하지만 나는 사람들이 특정한 때와 장소에서 보편적 정의를 이루어 내는 것이 불가능하다고 보지 않는다. 특히 여기에 경건$_{piet\acute{e}}$이 더해진다면 말이다.

이제 최고 권력자의 권리와 백성의 권리가 문제가 될 때, 다시 엄격한 권리, 형평 그리고 경건도 구별할 수 있다. 홉스 씨와 필머Robert Filmer 씨는 단지 엄격한 권리만을 고찰했던 것으로 보인다. 로마의 법률가들도 때로는 오직 이 엄격한 권리에만 집착했던 것으로 보인다. 심지어 경건과 형평은 예외가 발생하지

---

16) 아리스토텔레스, 『니코마코스 윤리학』, 1130a 참조.

않을 때는 일정하게 엄격한 권리를 권고한다고 말할 수 있다. 하지만 엄격한 권리에 역점을 둘 때는 항상 '형평이나 경건의 예외들을 제외하면'이라는 말을 함축해야 한다. 그렇지 않으면 다음과 같은 격언이 정당성을 갖게 될 것이다. "최고의 법이 최고의 불법이다."[17]

　　엄격한 권리를 검토하기 위해서는 왕국이나 국가의 기원을 고찰하는 것이 중요하다. 홉스는 사람들이 태초에는 짐승에 조금 더 가까웠다고 이해한 것으로 보인다.[18] 인간들은 점점 더 유순해졌지만 그들에게 자유가 있었기 때문에, 그들은 만인에 대한 만인의 전쟁 상태un estat de guerre de tous contre tous에 있었다. 따라서 그 상태에서 그들에게는 엄격한 권리가 없었고 각자가 '모두에 대한 권리'jus in omnia[19]를 가지고 있었다. 그래서 그들은 각자의 적절한 판단에 따라 부당함 없이 자기 이웃의 소유물을 탈취할 수 있었다. 그때는 안전한 상태도 아니었고 재판관도 없었기 때문에, 그들은 모든 두려움에서 발생하는 것들을 예방할 권리를 가지고 있었다. 그러나 이 거친 자연 상태가 비참한 상태였기 때문에, 사람들은 자신들의 판단 권리를 오로지 한 명에 의해 대표되거나 또는 어떤 협의체assemblée에 의해

---

17) "summum jus summa est injuria." Cicero, *De officiis*, Bk. I, 33[『의무론』, 임성진 옮김, 아카넷, 2024, 41쪽] 참조.
18) Thomas Hobbes, *De Cive*, Ch. 1[『시민론: 정부와 사회에 관한 철학적 기초』, 이준호 옮김, 서광사, 2013, 35-48쪽] 참조.
19) Thomas Hobbes, *De Cive*, Ch. I, 10[『시민론: 정부와 사회에 관한 철학적 기초』, 이준호 옮김, 서광사, 2013, 44-45쪽] 참조.

대표되는 국가 인격체에 양도함으로써 그들의 안전을 확보할 방법들에 합의했다.[20]

 그렇지만 홉스 씨는 어떤 면에서 다음과 같은 점을 인정했다. 인간은 무엇이 자신에게 가장 좋은지 판단할 권리를 잃지 않았고, 범죄자는 도망가기 위해 자신이 할 수 있는 일을 하는 것이 허용된다.[21] 하지만 그의 동료 시민들은 국가의 판결에 주의하지 않을 수 없다. 그렇지만 같은 작가 홉스는 다음도 인정해야 할 것이다. 즉 이 동일한 시민들이 자신의 판단력을 잃지 않았기 때문에, 어떤 충돌 상황에서는, 그들 중 몇몇이 해를 입을 때, 그들의 안전도 위험한 상황에 처한다는 것을 알 수 있을 것이다. 그 결과 홉스가 말한 것이 무엇이든지 간에, 제한적이고 잠정적일 국가에 대한 권리 양도가 이루어졌음에도 불구하고, 모든 사람은 근본적으로 자신의 권리와 자신의 자유를 유지하고 있다. 즉 권리 양도는 우리가 우리의 안전이 보장된다고 믿고 있는 동안 유효할 것이다. 그리고 이 저명한 작가가 신민들이 최고 권력자에게 저항하지 못하게 하기 위해 내세운 근거들은 매우 참된 원리에 근거를 두고 있는 확신에 불과하다. 보통 그런 치료법은 해악보다 더 해롭다. 그러나 통상적으로 일어나는 일이 절대적으로 일어나는 것은 아니다. 전자

---

20) Thomas Hobbes, *De Cive*, Ch. V, 8[『시민론: 정부와 사회에 관한 철학적 기초』, 이준호 옮김, 서광사, 2013, 111-112쪽] 참조.
21) Thomas Hobbes, *Leviathan*, Ch. 21[『리바이어던』, 진석용 옮김, 나남, 2008, 21장 279-296쪽]; *De Cive*, Ch. VI, 13[『시민론: 정부와 사회에 관한 철학적 기초』, 이준호 옮김, 서광사, 2013, 124-127쪽] 참조.

가 엄격한 권리와 같은 것이라면 후자는 형평과 같은 것이다.

내게는 또 이 작가가 권리와 그것의 효력을 혼동하는 잘못을 저지른 것으로 보인다. 이익을 취득한 사람, 집을 지은 사람, 검을 만든 사람은 그것들의 소유주이다. 물론 전시에는 다른 사람이 그를 그의 집에서 내쫓고 그에게서 그의 검을 빼앗을 권리를 가지고 있겠고, 재판관과 집행의 부재로 인해 자신의 권리를 누릴 수 없는 경우가 있긴 하지만 그렇다고 권리가 유지되지 않는 것은 아니다. 그리고 권리를 검증하고 누릴 방법이 지금 당장 없다는 이유로 그 권리를 없애려고 하는 것은 사안을 혼동하고 있는 것이다.

내가 보기에, 필머 씨는 국가를 건립하기 전에 권리뿐만 아니라 엄격한 권리도 존재한다는 것을 합당하게 인정했던 것으로 보인다.[22] 새로운 것을 만드는 사람, 혹은 이미 존재하는 것이지만 이전에는 어느 누구도 소유하지 않았던 것을 소유하게 된 사람, 그리고 그것을 개선하고 자신이 사용하기 적합하게 만든 사람은 부당한 경우가 아니면 원칙적으로 그것의 소유권을 빼앗길 수 있다. 이런 소유자로부터 직간접적으로 그것을

---

[22] 로버트 필머는 인간이 자연적으로 자유를 갖지 않는다고 주장했다. 그는 "인류의 자연적 자유는 아담Adam의 창조를 거부하지 않고는 가정될 수 없다."라고 주장했다(Robert Filmer, *Observations upon Aristotles Politiques, touching forms of government*, London, 1652, Bl. A, 2). 또한 그는 인류가 모든 종속으로부터 자유를 부여받고 태어났고 어떤 형태의 정부든 선택할 자유가 있다는 것을 부정했다. 한 인간이 다른 인간에게 가할 수 있는 힘은 처음에는 대중의 재량권에 따라 주어진다고 주장했다. Robert Filmer, *Patriarcha or the natural power of kings*, London, 1680, I, 2.

취득한 사람에게도 이것은 마찬가지로 적용된다. 이런 취득의 권리는 형평조차 승인하는 엄격한 권리이다. 홉스 씨는 사회가 다르게 명령하지 않는 한, 이 권리에 의해 자식들이 어머니의 소유물이라고 믿는다.[23] 그리고 필머 씨는 아버지의 우위를 가정하면서 아버지에게 자신의 노예의 자식들처럼 자신의 자식들에 대해서도 소유권을 부여한다.[24] 그리고 성서에 따르면 현재까지의 모든 인간이 아담의 후손이자 또 노아(Noah)의 후손이듯이, 이로부터 만약 노아가 살아 있었다면, 그에 따라 노아는 모든 인간에 대해 절대적 군주의 권리를 가질 것이라는 결과가 나온다. 노아의 부재로 인해 아버지는 항상 자신의 후손에게 최고의 지배자이거나 최고의 지배자가 되어야 했다. 그리고 이 부권이 왕의 기원이며, 왕은 강제적으로 혹은 동의에 의해 결국 조상의 자리에 놓이게 된다. 그리고 아버지의 권력이 절대적인 것처럼 왕의 권력 또한 절대적이다.[25]

내 생각에, 사람들은 이런 견해가 너무나 멀리 나간 견해라고 말할 수도 있겠지만, 이 견해를 전적으로 가볍게 여겨서는 안 된다. 아버지나 어머니가 자식을 낳고 교육을 시킴으로써 그들의 자식들에 대해 커다란 영향력을 얻는다는 것은 인정해야

---

23) Thomas Hobbes, *De Cive*, Ch. IX, 3-7[『시민론: 정부와 사회에 관한 철학적 기초』, 이준호 옮김, 서광사, 2013, 162-165쪽] 참조.

24) Robert Filmer, *Observations upon Aristotles politiques, touching forms of government*, London, 1652, Bl. A, 2-A, 3; *Patriarcha or the natural power of kings*, I, 4 참조.

25) Robert Filmer, *Patriarcha or the natural power of kings*, I, 4-9 참조.

한다. 하지만 나는 이로 인해 다음과 같은 결론을 도출할 수 있다고 생각하지 않는다. 즉 우리에게서 태어난 말이나 개들이 그리고 우리가 만들어 낸 작품들이 우리에게 속하는 것처럼 자식들이 그들 조상의 소유물이라는 결론이 도출되지 않는다는 말이다. 우리는 노예를 취득할 수 있고, 우리가 가진 노예의 자식들도 마찬가지로 우리의 노예라고 사람들은 내게 반대할 수 있을 것이다. 그런데 만민법le droit des gens에 따르면, 노예는 주인의 소유물이며, 우리가 낳고 교육을 통해 양육한 자식들이 우리의 노예가 아니라고 할 어떤 이유도 없다. 더욱이 자식들은 우리가 사거나 잡았던 노예들보다 더 정당한 이유로 우리의 노예이다.

이에 대한 나의 답변은 다음과 같다. 인간들 가운데 자연적 이성raison naturelle에 부합하는 노예에 대한 권리가 있고, 엄격한 권리에 따라 노예의 신체와 그들 자식의 신체가 주인의 지배하에 있다는 것에 내가 동의하더라도 또 다른 더 강력한 법droit이 이 권리의 남용에 반대한다는 것은 언제나 진실일 것이다. 이것은 자연적이고 양도할 수 없는 자유를 가진 이성적 영혼의 [자연]법droit des ames raisonnables이다. 그리고 이것이 신체와 영혼의 최고의 지배자인 신의 법이다. 신의 지배하에서 주인들은 자신의 노예들의 동료 시민들이다. 왜냐하면 신의 왕국에서 노예들은 그들의 주인과 마찬가지로 시민의 권리droit를 갖기 때문이다. 따라서 인간 신체의 소유권은 그의 영혼에 있고, 그가 살아 있는 한, 그에게서 그 소유권을 빼앗을 수 없다고 말할 수 있다. 그때 영혼이 획득될 수 없는 것처럼 그 신체의 소유권도 마찬가지로 획득될 수 없을 것이다. 따라서 노예에 대한 주인의 권리는 사람들이 타인의 재산에 대한 지역권servitude이라고 부르는 것과 같은 것 혹은 일종의 용익권usufruit과 같은 것일 것이다. 그런데 이 용익권에는 제한이 있다. 사람들은 이 권리를 '사물에 손상이 없을 정도로'salva re 행사해야 한다. 따라서 이 권리는 노예가 위험해지거나 불행해질 정도까지 행사될 수는 없다.

그러나 내가 사물의 본성과 반대로, 한 사람이 다른 사람의 소유물이라는 것에 동의한다고 하더라도 주인의 권리는, 그것이 얼마나 엄격해질 수 있든지 간에, 형평과 박애에 의해 제한될 것이다. 형평은 똑같은 경우에 누군가 그에게 배려해 주길 바라는 바로 그 방식으로 한 사람이 다른 사람을 배려하기를 요구하고, 박애는 사람들이 다른 사람의 행복을 위해 애쓸 것을 명령한다. 그리고 이 의무는 경건에 의해, 즉 우리가 신에게 빚지고 있는 것에 의해 완전해진다. 그리고 우리 자신이 오직 엄격한 권리에만 주목하길 바란다면, 미국의 식인종들은 그들의 포로들을 먹을 권리를 갖게 될 것이다. 그들 중 일부는 더 멀리 나아가서 아이를 얻기 위해 그들의 포로들을 사용한다. 거기다가 그들은 그 아이들을 비육해 먹고, 어머니가 더는 아이를 생산할 수 없을 때, 결국 어머니까지도 먹는 사람들이다. 이것이 바로 주인들이 노예들에 대해 그리고 아버지들이 자식들에 대해 가지고 있다고 주장되는 절대적 권리의 귀결이다.

노예들과 관련해서 적절성의 권리le droit de la convenance와 좋은 질서bon ordre의 권리가 엄격한 권리droit rigoureux에 반대된다면, 자식들과 관련해서 이런 반대는 한층 더하다. 아리스토텔레스는 이 권리droit를 매우 잘 고찰했다.[26] 그도 나처럼 정의의 원리를 좋음에서 찾고, 적절성을 가장 좋음의 원리를 통해 규정한다. 즉 가장 좋은 정부에 적절한 것(최적의 공화국에 적절한 것)[27]을 통해 적절성을 규정한다. 따라서 아리스토텔레스에 따르면 자연권droit naturel은 질서에 가장 적절한 것이다. 이로부터 다음의 결론이 도출된다. 사물의 본성에 따르면, 마땅히 노예가 될 만할 때, 즉 처신을 잘할 수 없을 때가 아니면 어느 누구도 타인의 노예가 되어서는 안 된다. 그러나 자유인이자 고귀한 감정은 가진, 한 가족의 아버지의 자식들과 관련해서 그들이 그 가족의 혈통을 이어받아 좋은 성품을 가지고 있고 자유 교육을 받을 것이라고 추정해야 한다. 그리고 아버지는 자식들이 자신의 재산뿐만 아니라 덕도 상속받아 어느 날 이 재산들을 훌륭하게 관리할 수 있도록 노력할 것이라고 추정해야 한다. 이것이 아리스토텔레스가 "아버지 왕국이 있고 군주의 왕국이 있다."라고 말하면서 왕국의 종류를 구별한 이유이기도 하다.[28] 말하자면 부권 지배는 자식들에 대한 아버지의 지배 같은 것이고, 전제적 지배는 노예들에 대한 주인의 지배 같은 것이다. 전자는 신민들이 행복하고 유덕하게 만드는 것을 지향하고, 후자는 백성들이 그들의 주인을 위해 일하기 적합한 상태를 유지하는 것만을 목표로 한다. 하지만 우리가 사람들을 행복하고

---

26) 아리스토텔레스, 『정치학』, 1278b.
27) 괄호 안의 문구는 같은 말을 라이프니츠가 라틴어로 병기한 것이다. "quod optimae Reipublicae conveniret."
28) 아리스토텔레스, 『정치학』, 1279a-1279b; 『니코마코스 윤리학』, 1160a-1160b.

유덕하게 만들 수 있다면, 결코 그것을 게을리해서는 안 될 것 같다. 덕에 등급이 있기는 하지만, 사람을 행복하게 만들기 위한 모든 조건에 동일한 덕이 필요한 것도 아니다.

그렇지만 소유권(엄격한 권리)과 어떤 적절성의 권리 간에는 차이가 있다는 것, 그리고 대체로 전자가 선호되지만 더 큰 적절성 때문이기도 하다는 것을 인정해야 한다. 왜냐하면 빈자들에게 편의를 제공하기 위해 부자에게서 재산을 빼앗는 것은 허용되지 않으며, 치수가 맞지 않는 옷을 그 옷이 더 잘 맞는 다른 사람에게 주기 위해 한 사람에게서 빼앗는 것도 허용되지 않기 때문이다. 여기서 생겨난 무질서는 더 큰 해악을 야기하고 개별적인 불행보다 더 큰 일반적인 불행을 야기하기 때문이다. 따라서 소유물은 보호되어야 한다. 그리고 국가가 모든 사람들의 가정사를 돌볼 수 없기 때문에, 각자가 개발할 수 있고 좋은 상태가 되게 할 수 있는 각자의 관할 영역을 갖게 하기 위해 재산의 소유권이 보호되어야 한다. 최대한 스파르타를 장식하다.[29] 이런 경쟁심은 일반적으로 유익하다. 그렇지 않고 모든 것이 공통의 소유라면, 그것은 개인들로부터 관심을 받지 못할 것이다. 종교인들이 하는 것처럼 질서를 잡지 않는 한 말이다. 하지만 이런 일은 이 시대에는 어려운 일

---

[29] "Spartam quam ornet." 이 구절은 에우리피데스의 『텔레포스』에 등장하는 한 구절에 대한 암시로 『변신론』에서 다음의 전체 구절을 볼 수 있다. 147절: "ut Spartam quam natus est ornet"(운 좋게 얻은 스파르타를 장식하기 위하여). 여기 본문에서 생략된 단어를 빼고 쓰인 그대로 읽을 경우 'quam'을 '최대한'으로 번역할 수 있는 것이 사전적으로 허용된다.

이다. 따라서 국가가 개인들의 소유물을 보호해야 한다. 그럼에도 공통의 안전을 위해 그리고 커다란 공통의 이익bien commun을 위해 용인할 만한 어떤 틈을 만들 수 있다. 이로부터 사람들이 '최고 통치권'dominium eminens[30]이라고 불리는 것, 그리고 세금imposts이라고 불리는 것, 그리고 전쟁의 이유라고 불리는 것이 나온다.

---

30) 'dominium eminens'는 호로티위스가 *De jure belli ac pacis*(Bk. II, Ch. XIV, 7)에서 처음 사용한 용어이며, 이후 근대 자연법 학자들이 다양하게 사용한 개념이다. 보통 국가가 갖는 최상의 지배권을 나타내며 국가가 개입하여 공공의 이익을 위해 사용하는 공공의 권리로 알려졌다. 즉 국가가 개인의 재산을 수용할 수 있는 특별한 권리를 의미한다. 예를 들면, 전쟁과 같은 위급한 상황에서 국가가 개인의 재산을 압수해 공공의 목적으로 사용할 수 있는 공공의 권리와 같은 것을 의미한다. 현대에는 국가의 수용권, 토지수용권, 강제 취득, 몰수권 등으로 사용된다. H. W. Halleck, *International Law: or Rules Regulating the intercourse of States in peace and war*, San Francisco, 1861, p. 124 참조. Thomas Cooper, *The Institutes of Justinian*, Philadelphia, 1812, pp. 456-457 참조.

옮긴이 해제

1. 자연법과 정의에 관한 저작

서양 정치철학사에서 고트프리트 빌헬름 라이프니츠(1646~1716)는 흐로티위스, 홉스, 푸펜도르프, 로크 같은 동시대 인물들에 비하면 주목받는 인물이 아니다. 그는 주로 모나드 형이상학자이자 미적분을 발견한 수학자로 알려져 있을 뿐이다. 이런 상황은 그가 정치와 도덕에 관한 대표 저작을 출판한 바 없고, 유고로 남겨진 단편이나 서신, 초안 등도 최근에 출간되었기 때문일 것이다.[1] 하지만 라이프니츠가 아주 이른 나이에 법학 박사 학위를 받았고, 그의 직업이 여러 제후들의 법률 자문관이었다는 것,[2] 청년기에 이성적 법학의 완성을 목적으로

---

1) 라이프니츠의 정치적 저작들은 아카데미판 네 번째 시리즈로 1983년부터 2022년까지 현재 10권이 출판되었고 인터넷에 비상업적 목적으로 공개되어 있다. https://leibniz-potsdam.bbaw.de/de/edition에서 원전을 PDF로 제공하고 있다. 출판본은 일러두기의 서지 사항 참조.
2) 라이프니츠는 1667년 알트도르프 대학에서 법학 박사 학위를 취득한 후 마인츠의 선제후 요한 크리스티안 폰 보이네부르크Johann Christian von Boyneburg(1622~72)와 요한 필리프 폰 쇤보른Johann Philipp von Schönborn(1605~73)의 법률 자문관을 했고, 1672년부터 1676년까지 파리 체류를

법학의 개선과 자연법의 원리에 관한 글을 집필했다는 것,[3] 그리고 잘 알려져 있다시피『만민 외교법』*Codex Juris Getium Diplomaticii*이라는 국제법 형성사에 영향력 있는 저작을 남겼다는 점을 고려한다면, 자연법 철학과 정의 개념에 관한 저작들을 중심으로 그의 정치철학, 도덕철학에 새로이 주목해 볼 필요가 있다.

라이프니츠는 1667년 알트도르프 대학에서 법학 박사 학위를 받았다. 학위를 받은 후 같은 해 그는 마인츠의 선제후 보이네부르크의 법률 자문으로 일하면서 법률가의 삶을 시작했다. 청년기 그는 이성적 법학의 체계를 정립하기 위해 법학을 개선하고 자연법의 원리를 탐구하는 데 관심을 가졌고, 자연법에 관한 일련의 저작을 남겼다. 그중 이 책에서 번역한 첫 번째 글인 "자연법의 세 등급"은 1667년에 쓴 "법학을 가르치고 배우는 새로운 방법"Nova Methodus discendae docendaeque jurisprudentiae이라는 저작에서 자연법의 세 등급에 대해 쓴 부분을 번역한 것이다.

1669년에서 1671년 사이 청년 라이프니츠는 자연법 혹은 자연권에 관한 일련의 단편 저작들을 썼다. 당시 이 단편들은

끝내고 돌아와 하노버에서도 브라운슈바이크 공국의 요한 프리드리히 공작Herzog Johann Friedrich(1625~79)의 법률 자문관을 했다.
3) 1667년부터 1672년까지 청년 라이프니츠가 프랑크푸르트와 마인츠에 있었던 기간에 그의 주요 저작은 주로 이성적 법학과 자연법 철학에 관한 것이었고, 또 한편으로는 이성 신학 혹은 자연신학에 관한 것이었다. 아카데미판에서는 이 두 분야의 저작을 "이성적 법학"Jurisprudentia Rationalis 과 "가톨릭 증명"Demonstrationes Catholicae이라는 큰 제목으로 묶어 편집 출판했다(A VI, 1, 259-559).

미완성 상태였고, 출판되지도 않았지만, 이른 나이에 법학 박사가 된 법학자로서 고대 아리스토텔레스와 플라톤의 자연법 철학과 로마법, 그리고 근대 자연법 철학자들의 견해를 연구하고, 자신만의 자연법 철학을 정립하는 과정에서 남긴 저작들이다. 이 단편들은 "자연법의 원리"Elementa Juris naturalis라는 제목하에 여섯 개의 단편들이 묶여 있는데, 그중 첫 번째를 번역한 것이 이 책 "흐로티위스의 자연법에 관한 기록"이고, 네 번째를 번역한 것이 "자연법의 원리"이며, 다섯 번째를 번역한 것이 "자연법의 원리: 정의와 정리"이다. 이 일련의 저작들은 라이프니츠가 자연법에 대한 연구 과정에서 점점 더 완성도를 높여 가는 순서로 되어 있는데, 내용이 반복되는 부분들이 있어서 중요한 단편만 번역했다.

이 책에 번역된 "정의와 자연법에 관하여", "도덕과 정치에서 타인의 입장", "공동체의 구분", "일반학을 위한 일련의 정의들: 행복, 지혜, 덕"은 짧은 단편이지만, 그 내용이 자연법과 정의에 관한 저작들에서 볼 수 있는 것들과 관련이 있어서 함께 번역했다. 그리고 "만민 외교법 서문"은 라이프니츠의 정의 개념, 즉 '지혜로운 사람의 박애'caritas sapientis와 자연법의 세 등급, 즉 '엄격한 권리', '형평', '경건'이 처음으로 함께 등장한 저작이다. 라이프니츠의 정치적 저작들이 아카데미판에서 편집 출판되기 전까지 라이프니츠의 정치철학, 도덕철학을 연구하는 이들이 가장 많이 언급하고 인용했던 저작이다.

라이프니츠의 자연법 철학과 정의 이론에서 가장 주목할 만한 저작은 이 책에 수록된 정의에 관한 두 저작 "좋음과 정의의 본성에 관하여"와 "정의의 공통 개념에 관하여"이다. 이 두 저작은 1885년 몰라트가 모아 편집한 책, 『라이프니츠의 미출판 법철학 저작』*Rechtsphilosophisches aus Leibnizens ungedruckten Schriften*에 포함되면서 처음 세상에 알려졌다.[4] 이 책에서 몰라트는 이 두 저작을 하나의 작품으로 보아 "정의의 공통 개념에 관한 성찰" Méditation sur la notion commune de la justice이라는 제목을 붙여 편집 출간했다. 이 저작이 발견되었을 때, 라이프니츠의 수고에는 제목이 없었다. 앞의 제목은 몰라트가 편집 과정에서 붙인 것이며, 몰라트가 책이 출간된 후 독일어, 영어로 번역될 때에도 이 제목이 사용되었다.[5] 하지만 최근 아카데미판 편집자는 이 저작이 발견 당시 한 봉투에 들어 있었고 같은 주제를 다루고 있긴 하지만 내용상 다른 두 저작이라고 여겨 특별히 다른 경로로 사전 편집본을 출판했고,[6] 2022년에 아카데미판 정치적 저작

---

4) Georg Mollat(hg.), *Rechtsphilosophisches aus Leibnizens ungedruckten Schriften*, Leipzig, 1885, pp. 56-82. 이 책의 두 번째 판은 *Mittheilungen aus Leibnizens ungedruckten Schriften*(Kassel, 1887, pp. 44-77; Leipzig, 1893, pp. 41-70)이라는 제목으로 출간되었다.

5) 대표적으로 *Hauptschriften zur Grundlegung der Philosophie*, übers. von Arthur Buchenau, hg. von Ernst Cassirer, Bd. 2, Hamburg, 1996(초판: Leipzig, 1906), pp. 662-671(부분 번역); *Leibniz: Political Writings*, trans. & ed. by Patrick Riley, Cambridge, 1972, pp. 45-64; *Gedanken über den Begriff der Gerechtigkeit*, hg. Wenchao Li, übers. Pierre Castagner, Nina Asmussen, Stefanie Ertz und Stefan Luckscheiter, Hannover, 2014, pp. 23-51.

6) 다른 경로란 다음의 책을 가리킨다. Wenchao Li(hg.), *"Das Recht kann nicht ungerecht sein ..." Beiträge zu Leibniz' Philosophie der Gerechtigkeit*, Studia Leibnitiana Sonderhefte 44, Stuttgart, 2015(Anhang: G. W. Leibniz: Zwei Schriften über die Gerechtigkeit, bearbeitet von Stefan Luckscheiter, pp. 137-

시리즈 10권에 첫 번째 저작은 "좋음과 정의의 본성에 관하여" Sur la nature de la bonté et de la justice라는 제목으로, 두 번째 저작은 "정의의 공통 개념에 관하여" Sur la notion commune de la justice라는 제목으로 편집 출판했다.

두 저작의 작성 시기는 유고가 작성된 종이의 워터마크를 통해 모두 1703년으로 확인되었지만, 다른 두 저작이라고 보는 이유는 두 저작이 쓰인 배경과 그 내용이 다르기 때문이다. 첫 번째 저작은 1703년 여름 하노버에서 조피 선제후 부인과 게오르크 루트비히 선제후 Kurfürst Georg Ludwig(1714년 영국 왕위를 계승하여 조지 1세가 됨) 그리고 라이프니츠가 나눈 대화를 바탕으로 만들어졌고, 대화 후 라이프니츠가 수정하고 정리해 프로이센의 여왕 조피 샤를로테에게 보냈다는 것이 서신으로 확인된다.[7] 즉 첫 번째 저작은 대학자 라이프니츠가 자신의 주군들, 즉 정치권력자들 앞에서 정의의 본성에 대해 설명하기 위해 쓴 발제문 같은 것으로 내용상으로도 수신자가 확실한 글이다. 이에 반해 두 번째 저작은 라이프니츠가 청년기부터 견지했던 '지혜로운 사람의 박애' caritas sapientis라는 정의 개념을 자세

---

179). 아카데미판은 일러두기와 이 책 "좋음과 정의의 본성에 관하여", "정의의 공통 개념에 관하여"의 원전 출처 참조.

7) 1703년 8월 3일 라이프니츠가 조피 샤를로테에게 보낸 서신: A I, 22, 529. "저는 선제후 부인께서 보는 앞에서 선제후와 함께 좋음과 정의의 본성에 관해, 이것이 자의적인 것인지, 수와 도형처럼 영원한 이성에 근거하는 것인지에 대해 대화를 나누고 나서 작은 논고를 만들었습니다. 그리고 저는 제가 어느 날 당신의 날카로운 눈앞에 감히 이 하찮은 것을 내놓아도 될지 모르겠습니다."

한 논증을 더해 제시하고, 그 당시 논쟁의 대상이었던 노예들과 자식들에 대한 소유권에 대해 자신의 견해를 밝히는 글이다.

이 두 저작은 라이프니츠의 자연법 철학과 정의 개념을 확인할 수 있는 의미 있는 텍스트이다. 이뿐만 아니라 이 두 텍스트는 라이프니츠가 남긴 무수한 단편 중에서도 매우 질 좋은 텍스트에 속한다. 라이프니츠는 당시 실제로 출판한 책이나 학술지에 발표한 논문, 혹은 수신자가 있는 서신이 아닌 단편 저작들의 경우 독자를 고려하지 않고 자신의 연구를 위해 기록해 둔 것이 많다. 그런 글들은 현대의 책처럼 독자를 위해 쓴 것이 아니기 때문에 정제되지 않아 전문가가 아니면 읽기 어렵고, 내용이 적거나 짧은 경우 단편적 정보만으로 관련 주제에 대한 그의 견해를 체계적으로 이해하기 어려운 것이 많다. 하지만 정의에 관한 이 두 저작은 여타의 다른 단편들과 달리 출판할 목적은 아니었지만 독자를 고려해 여러 차례 손본 글이다. 더군다나 첫 번째 저작은 그 독자가 자신의 주군이었고 프로이센의 여왕이었으니 다양한 예를 들면서 매우 성의 있게 설명하고 있다는 것을 확인할 수 있다. 두 번째 저작도 정의 개념에 관해 다른 학자들의 견해를 비판하면서 매우 풍부하고 설득력 있는 논변을 제공하기 때문에 라이프니츠의 자연법 철학이나 정의 개념에 관심이 있는 연구자들에게는 매우 유용한 텍스트가 될 것이다. 이 두 저작으로 라이프니츠를 정치철학사에서 중요한 위치를 차지하는 철학자라고 평가할 수는 없겠지만 자연법 철학과 정의 이론에서는 주목할 만한 철학자로 평가할 수 있을 것이다.

2. 법과 정의의 구별

라이프니츠의 자연법과 정의 이론에서 제일 먼저 주목해야 할 것은 정의droit/jus와 법loi/lex을 구별한 것이다.[8] 즉 법과 정의가 일치하지 않을 수 있거나 법이 항상 정의롭지 않을 수 있다는 것이다. 이 주장은 라이프니츠가 사용한 'droit/jus'를 오늘날의 관점과 의미에 따라 '법'으로 번역할 것이 아니라 17세기에 사용된 의미에 따라 '정의로운 것'으로 읽거나 그의 저작에서 의미 맥락에 따라 '자연법' 혹은 때에 따라 '정당'正當으로 읽어야 한다는 이 번역서의 번역 방향과 같은 맥락에 있다. 왜냐하면 현재 우리는 법실증주의가 발현하고 주도한 이래 그것의 관점과 영향하에 살고 있기 때문에, 'droit'를 법으로 번역하거나 'la science de droit'를 법학으로 번역하면, 이 자연법과 정의에 관한 저작들을 전혀 이해하지 못할 수 있기 때문이다. 더구나 현재 우리 사회가 법에 대한 의존도가 매우 강하고, 법과 도덕을 분리하고 정의와 도덕의 문제를 모두 법이 다루어야 한다는 법실증주의의 주장이 극도로 반영되고 있는 사회라

---

8) 법철학자이자 법사학자인 암가르트도 이 구분의 중요성을 파악하고, 'Recht'와 'Gesetze'의 분리가 라이프니츠 전체 법 이론을 떠받치고 있는 근본적인 기둥과 같다고 평가했다. 그래서 그는, 라이프니츠의 'Recht'를 근본적인 의미에서 '정의'로 읽어야 한다고 했다. Matthias Armgardt, "Die Rechtstheorie von Leibniz im Licht seiner Kritik an Hobbes und Pufendorf", in: *"Das Recht kann nicht ungerecht sein ..." Beiträge zu Leibniz' Philosophie der Gerechtigkeit*, 2015, pp. 3-15 참조.

는 점을 감안하면, 이 구분은 더욱 중요하고 근본적이다.

라이프니츠가 정의와 법이 다르다고 주장하는 이유는 법과 달리 정의 개념은 필연적 진리에 속하기 때문이다. 따라서 정의에 관한 학문은 수학과 논리학같이 필연성의 논리적 관계를 통해 증명할 수 있는 학문에 속한다. 라이프니츠의 자연법과 정의 이론에서 근본적인 토대 역할을 하는 이 주장은 여러 저작에서 나타나지만 정의에 관한 두 저작 가운데 하나인 "좋음과 정의의 본성에 관하여"의 다음 구절에서 확인할 수 있다.

이 정의Justice라는 명사名辭 혹은 단어는 어떤 정의definition 혹은 이해 가능한 개념을 가질 것이다. 그리고 사람들은 논리학의 논쟁 불가능한 규칙들을 사용해 모든 정의definition로부터 확실한 결론을 도출할 수 있다. 그리고 이것은 사실에 의존하는 것이 아니라 오로지 이성에만 의존하는 필연적이고 증명적인 학문, 예를 들어 논리학, 형이상학, 산술학, 기하학, 운동에 관한 학문을 구축할 때 사람들이 하는 바로 그것이다. 그리고 정의로운 것에 관한 학문la science de droit도 여기에 속한다. 이 학문은 경험과 사실에 근거를 두지 않는다. 오히려 사실에 근거를 제공하고, 앞서 사실을 규정하는 역할을 한다. 이것은 세상에 법loi이 존재하지 않았을 때, 정의로운 것droit의 관점에서 일어나는 것에 관한 학문이다.[9]

---

9) 이 책 "좋음과 정의의 본성에 관하여", 139-140쪽.

서양 근대 자연법 학자들 중, 자연법이 이성에 의해 알려질 수 있기 때문에, 인간이 이성을 올바르게 사용하면, 무엇이 정의로운 것인지 알 수 있다고 주장하는 학자들은 많다. 어쩌면 이성의 능력을 신뢰함으로써 새로운 시대인 근대를 열었던 학자들에게 이것은 공통적인 견해일 수 있다. 하지만 라이프니츠는 정의에 관한 학문이 명사의 정의와 이성적 추론에 의해 증명할 수 있는 학문이고, 정의 개념은 필연적 진리에 속하며, 따라서 정의로운 것을 부정의하다고 하면, 논리적 모순이 발생한다고 한층 더 나아간 분석을 내놓는다. 아마도 이것은 라이프니츠가 수학과 논리학 연구를 통해 필연적 진리와 우연적 진리의 차이를 잘 알고 있었기 때문일 것이다.[10] 말하자면 그

---

10) 필연적 진리와 우연적 진리의 구별에 대해 라이프니츠의 다음 설명을 참고로 제시한다. "제일 명제에는 두 가지가 있다. 하나는 모순을 포함하는 것은 무엇이든 거짓이라는 필연적인 것의 원리이고 다른 하나는 무엇이든 더 완전한 것 혹은 더 큰 이유가 있는 것이 참이라는 우연적인 것의 원리이다. 형이상학의 진리 또는 절대적으로 필연적인 모든 진리, 예를 들어 논리학, 산술, 기하학 같은 것의 진리는 전자의 원리에 의존한다. 왜냐하면 이런 학문의 진리를 부정하는 사람들에게는 항상 그 반대가 모순을 함축한다는 것을 보일 수 있기 때문이다. 신의 의지 혹은 어떤 존재의 의지를 가정해야만 필연적이고 본성상 우연적인 모든 진리는 후자의 원리에 의존한다. | 따라서 가능한 것 혹은 사물의 본질에 관한 모든 진리, 그리고 사물의 불가능성 혹은 사물의 필연성, 즉 그것의 반대가 불가능하다는 것은 모순율에 의존한다. 우연적인 것 혹은 사물의 현존에 관한 모든 진리는 완전성의 원리에 의존한다. 신의 현존을 제외하고 모든 것의 현존은 우연적인 것이다. 게다가 왜 다른 것이 아닌 어떤 특정한 우연적인 것이 현존하는지에 대한 이유는 그것의 정의 자체만으로 찾을 수 없고 다른 것들과 비교함으로써 찾을 수 있다." De libertate et neces-

는 정의가 필연적 진리의 영역에 속하는 것이지만 법은 우연적 진리의 영역에 속하는 것으로 구분한 것이다. 라이프니츠는 앞에 인용한 구절에 이어 바로 이 점에서 정의와 법이 다르다는 것을 다음과 같이 말한다.

정의를 권력에 의존하게 만드는 사람들이 범하는 실수는 부분적으로 정의로운 것droit과 법loi을 혼동하는 것에서 비롯된다. 정의로운 것은 부정의할 수 없다. 그것은 모순이다. 하지만 법은 부정의할 수 있다. 왜냐하면 법을 지배하고 유지하는 것이 권력이고, 만약 그 권력이 지혜와 좋은 의지를 결여하고 있다면, 매우 악한 법을 지배하고 유지할 수 있기 때문이다.[11]

라이프니츠는 "좋음과 정의의 본성에 관하여"를 플라톤의 대화편, 『에우티프론』의 질문으로 시작한다. 즉 어떤 것이 신이 선택한 것이기 때문에 정의로운 것인가 아니면 그것이 정의로운 것이기 때문에 신이 선택하는 것인가 하는 것이다. 물론 라이프니츠의 견해는 후자이며, 정의는 신도 따르지 않을 수 없고 변경할 수 없는 영원하고 필연적인 진리라고 주장한다. 정의와 달리 법은 부정의할 가능성이 있는 우연적 진리에 속한다. 즉 법은 입법자의 의지나 재판관의 의지에 따라 부정

---

sitate(1684): A VI, 4, 1445, in:『자유와 운명에 관한 대화 외』, 이상명 옮김, 책세상, 33-34쪽.
11) 이 책 "좋음과 정의의 본성에 관하여", 140쪽.

의할 수 있다. 따라서 모든 법이 정의로운 것은 아니다. 자연법 논의를 거부하는 법실증주의가 권리의 정당성을 찾을 때, 정의가 아니라 법적 사실과 경험에 의존하는 것도 우연적 진리로서 법의 면모를 보여 준다고 할 수 있다. 라이프니츠의 생각은 우연적 진리에 속하는 법과 필연적 진리에 속하는 정의를 혼동하거나 일치시키는 것이 문제라는 것이다. 부정의가 법의 이름으로 정의로운 것으로 될 수 있기 때문이다. 법과 정의가 일치한다고 하면, 정의가 우연적 진리의 영역에 속한다고 주장하는 사람은 상위의 권력자의 뜻에 의지하거나 법의 이름으로 부정의한 것을 정의로운 것으로 바꾸려는 의도를 가졌다고 볼 수 있다.

정의 개념이 필연적 진리에 속한다는 견해와 자연법과 정의 이론이 정의와 증명을 통해 확립될 수 있는 학문이라는 견해는 이미 청년기 저작에서도 볼 수 있다. 청년 라이프니츠는 자연법의 원리에 관한 네 번째 저작 "자연법의 원리"에서 자연법과 정의 이론의 이런 성격을 다음과 같이 밝힌다.

> [자연]법 이론은 경험이 아니라 정의定義에 의존하며, 감각적 증명이 아니라 이성적 증명에 의존하는 것으로 간주된다. 말하자면 이것은 사실에 관한 것이 아니라 정당함jus에 관한 것이다. 왜냐하면 정의Justitia는 어떤 특정한 일치 관계와 비례관계로 이루어지기 때문에, 정의를 행하는 사람이 없을 때도, 그리고 어떤 사람에게 정의가 행해지지 않을 때도, 우리는 어떤 것이 정의로운 것인지 알 수 있기 때문이다. 이것은 아무도 수를 세고 있지 않아도, 그리고 셀 수 있는 것이 없을 때도 수들 간의 관계

가 참인 것과 같다. 그리고 우리는 한 건물, 한 기계, 한 공화국이 미래에 존재할 것이라는 가정하에, 혹은 이것들이 실제로 미래에 존재하지 않더라도, 그 건물이 아름다운지, 그 기계가 잘 작동하는지, 그 공화국이 행복한지에 대해 판단할 수 있다. 따라서 이 학문의 근본 명제들이 영원한 진리에 속한다는 것이 놀라운 것은 아니다. [……] 따라서 사물들의 필연적 연결과 추론은 그것들의 명확하고 구별되는 관념으로부터, 즉 이것을 말로 표현하면, 정의定義로부터 서로를 함축하는 정의의 연속적 잇따름을 통해, 말하자면 증명을 통해 연역되는 방식으로 증명된다. 그러므로 [자연]법 이론은 학문이고, 이 학문의 근거는 증명이며, 증명의 원리는 정의定義이다.[12]

이 설명에 따르면, 우리는 무엇이 정의로운 것이고, 무엇이 부정의한 것인지를 경험이 아니라 정의正義에 대한 정의定義를 통해 알 수 있다. 즉 정의를 행하는 사례나 부정을 저지르는 사례가 현실적으로 주어지든 주어지지 않든 상관없이 우리는 무엇이 정의인지 알 수 있고, 법이나 관습이 없어도 정의가 무엇인지, 부정할 수 없는 확실한 개념을 갖는다.

---

[12] 이 책 "자연법의 원리", 43-44쪽. 'Doctrina juris'를 '자연법 이론'으로 번역한 것에 대해서는 본문 139쪽의 각주 20 참조.

3. 트라시마코스의 정의

『에우티프론』의 질문에서 전자의 견해를 주장하는 사람은 정의가 임의적인 것이고, 신의 권능과 의지에 의존한다고 생각하는 것이다. 라이프니츠의 견해와 다르지만 정의가 우연적 진리에 속한다는 견해를 살펴볼 필요가 있다. 사실 정의 개념이 필연적 진리라는 것은 근대 자연법 철학에서 라이프니츠가 두드러지게 주장한 것이기 때문에, 대부분의 다른 학자들은 특히 라이프니츠가 주의주의자로 비판했던 홉스나 데카르트 등은 정의를 우연적 진리로 간주하고 있었을 것이다.[13] 그런 가운데 라이프니츠는 플라톤의 『국가』에 등장하는 트라시마코스를 정의를 권력자의 의지에 의존하는 것으로 주장하여 정의 개념을 우연적 진리에 속하는 것으로 간주한 대표적인 인물로 들고 있다.

트라시마코스는 정의로운 것이란 가장 힘 있는 자의 마음에 들고 그들에게 유익한 것이라고 한다. 이 견해는 우리가 인정하고 싶지 않더라도, 마치 정의의 어두운 면처럼 현실에서 꽤 빈번하게 경험할 수 있어서 비현실적인 정의 개념이라고 할 수는 없다. 현실에서는 정의를 법처럼 사실의 진리로 간주하고, 확

---

[13] 근대 자연법 철학자 가운데 흐로티위스도 신이 2 더하기 2를 4가 되지 못하게 할 수 없고 악을 악이 아니게 할 수 없는 것처럼 자연법도 신이 변경할 수 없는 것이라고 함으로써 필연적 진리라는 용어를 쓰지는 않았지만 자연법이 필연적 진리와 같은 이성의 진리라고 주장했다고 볼 수 있다. 이 책 29쪽 각주 7 참조.

실하고 정해진 정의는 없다고 말하며, 정의로운 것을 부정의한 것으로 만들고, 부정의하고 부당한 것을 정의로운 것으로 만드는 사람이 존재한다. 하지만 라이프니츠는 이 견해를 다음의 말로 비판한다.

> 만약 정의가 그런 것이라면, 어떤 최고 법정의 판결도, 어떤 최고 판사의 판결도 부정의한injuste 것이 없을 것이고, 악하더라도 힘 있는 자는 비난받지 않을 것이다. 그리고 그에 더해 같은 행동이 판결을 내린 사람에 따라 정의로운 행동일 수도 있고 부정의한 행동일 수도 있다. 하지만 이것은 매우 우스꽝스러운 것이다.[14]

트라시마코스의 정의가 옳다면, 최고 법정의 판결은 절대적으로 항상 옳을 것이고, 어떤 악행을 저지르더라도 권력자는 결코 처벌받지 않을 것이다. 이들은 법과 정의를 동일시할 것이고, 법은 항상 정의로운 것이 되며, 정의롭지 않은 법은 없는 것이 된다.

라이프니츠는 영국의 근대 철학자 토머스 홉스를 트라시마코스와 유사한 견해를 가진 인물로 꼽는다. 그에 따르면, 홉스는 "신이 전능하기 때문에 모든 것을 행할 권리를 가지고 있다고 주장한다." 즉 정의가 통치자의 의지와 권력에 의존한다고 말하는 것이다. 이런 견해는 "확실하고 정해진 정의는 없다고 말하는 것과 다를 바 없다."[15]라고 하면서 트라시마코스와 홉

---

14) 이 책 "좋음과 정의의 본성에 관하여", 131쪽.

스의 견해가 갖는 궁극적인 문제를 다음과 같이 지적한다.

> 이것은 사람들이 하고자 하는 행동을 하지 못하게 하는 정의가 없고, 아무리 악한 행동일지라도 처벌받지 않고 할 수 있는 행동을 하지 못하게 하는 정의가 없다는 말과 다를 바 없다. 그렇게 되면, 배반, 암살, 독살, 무고한 사람을 고문하는 것, 이 모든 것이 성공하기만 한다면 정의로운 것이 될 것이다.[16]

라이프니츠의 지적에 따르면, 정의를 우연적 진리로 여기는 것은 사실상 정의 개념의 본성을 바꾸는 것이다. 즉 정의가 전혀 다른 의미를 갖게 된다. 우리는 나쁜 사람이 성공하는 경우, 부정한 행동이 처벌받지 않은 경우, 그리고 권력자의 부정하고 부당한 행동에 불평하는 경우를 일상적으로 경험한다. 사람들이 정의 개념에 주목하는 이유가 이것이다.

정의 개념이 우연적 진리에 속한다고 생각하면, 부정의하고 부당한 일을 비난하고 바로잡을 마땅한 근거를 제시하지 못한다. 정의가 자의적인 것이면, 부정의도 자의적인 것이 될 것이고, 그러면 정의로운 것이 부정의한 것이 될 수 있고, 부정의한 것이 정의로운 것이 될 수 있다. 또한 그 기준을 권력에 둔다면, 즉 정의가 권력자의 의지와 권력에 의존하는 것이라면, 정의는 권력의 크기에 비례할 것이고, 최고 권력자는 그 자체

---

15) 이 책 "좋음과 정의의 본성에 관하여", 133쪽.
16) 이 책 "좋음과 정의의 본성에 관하여", 133-134쪽.

로 최고로 정의로울 것이다. 그러면 우리가 겪은 '성공한 쿠데타' 같은 역사가 정당화되는 문제가 발생하고 잘못된 역사를 바로잡을 수 없게 된다. 라이프니츠는 이것이 어디에서나 동일하고 영원한 필연적 진리와 우연적이고 변화 가능한 자의적 진리를 혼동하는 데서 비롯된다고 말한다. 그래서 정의와 법을 혼동해서는 안 된다고 말하는 것이다.

 이 해제를 쓰고 있는 지금 우리 사회는 2024년 12.3 계엄과 내란 사태로 혼란스러운 상황을 지나고 있다. 비록 용감하고 정의로운 시민들의 힘과 국회의 신속한 의결로 불법 계엄을 막아냈지만 내란은 끝나지 않고 있다. 그 배경에는 정의가 권력자의 뜻에 따르는 것이라고 생각하는 사람들, 그래서 확고하고 결정된 정의란 없다고 믿는 사람들이 있다. 그들은 무엇이 정의이고 올바른 것인지 스스로 검토하고 판단하려 하지 않고 권력자의 의중이 무엇인가만 쫓는다. 심지어 그들은 법실증주의 하에서 헌법과 법률조차 위반하고, 법도 정의도 자의적으로 해석하고 주장한다. 그들에게 정의는 권력의 부정과 불법을 가리는 포장지일 뿐이다. 이런 상황에서 이들의 잘못을 지적하고 처벌할 수 있는 것은 필연적 진리로서의 정의 개념이다. 만약 트라시마코스의 말대로 정의가 권력자의 의지에 의존하는 것이라면, 온갖 악행을 저지르더라도 이기기만 하면 정의로운 것이 될 것이다. 이 상황에서 우리는 온갖 불법과 부정의를, 그리고 내란의 죄를 단죄할 마땅하고 확고한 근거를 갖지 못하는 것이 된다. 그렇지 않고 위법하고 부정한 행위를 처벌하게 된다면, 라이프니츠의 견해가 트라시마코스의 견해보다 더 설득력 있고 올바른 견해임이 실제로도 인정될 것이다.

4. 지혜로운 사람의 박애

라이프니츠의 주장대로 정의 개념이 필연적 진리에 속하고, 정의에 관한 학문이 개념의 정의와 증명을 통해 증명될 수 있는 학문이라면, 우선적으로 필요한 것은 기준이 될 수 있는 정의 개념에 대한 정의를 찾는 것이다. 라이프니츠도 이를 잘 알고 있었고, 자연법 철학과 정의 이론의 궁극적 목표는 이 정의 개념에 대한 정의를 제시하는 것이라고 생각했다. 이에 그는 다음의 정의를 제시한다.

> 따라서 결국 정의의 형식적 근거를 정하고, 행동들이 정의로운 것인지 아닌지 알기 위해 행동들을 측정하는 데 필요한 기준을 결정하는 것이 문제이다. 사람들은 이미 우리가 방금 말한 모든 것에서 그 기준을 예견할 수 있었을 것이다. 정의는 지혜와 좋음이 함께 결합된 것과 일치하는 것 이외에 다른 것이 아니다. 좋음의 목표는 가장 큰 이익bien이다. 하지만 그것을 알기 위해 지혜가 필요하고, 지혜는 이익에 대한 앎 이외에 다른 것이 아니다. 마찬가지로 더 큰 이익을 얻거나 더 큰 피해를 막기 위한 경우가 아니라면, 좋음은 모두에게 이로운 것을 행하고, 해로운 것을 막으려는 경향성 외에 다른 것이 아니다. 따라서 지혜는 지성에 있고, 좋음은 의지에 있다. 그리고 결과적으로 정의는 지혜와 좋음 이 두 가지 모두에 있다.[17]

---

17) 이 책 "좋음과 정의의 본성에 관하여", 141쪽.

라이프니츠가 도달한 정의는 지혜와 좋음이 필요하다. 지혜는 무엇이 이익인지 아는 것이고 좋음은 모두에게 이로운 것을 행하는 것이다. 그럼 모든 사람이 이익을 얻는 것은 어떻게 가능할까? 라이프니츠는 보편적 자비, 즉 다른 모든 사람이 이익을 얻는 것에서 기쁨을 느낌으로서 그것이 가능하다고 주장한다. 그래서 라이프니츠는 최종적으로 정의란 '지혜로운 사람의 박애'라고 정의한다. 이것은 "만민 외교법 서문"에 다음과 같이 나타난다.

> 정의justitia에 대한 가장 적절한 정의definitio는 지혜로운 사람의 박애Caritas sapientis이고, 이것은 곧 지혜sapientia의 가르침을 따르는 것이다. [······] 박애는 보편적 자비benevolentia universalis이고, 자비는 사랑하거나 귀중히 여기는 태도이다. 그리고 사랑하는 것 혹은 귀중히 여기는 것은 다른 사람의 행복felicitas을 즐거워하는 것이거나 같은 말로 다른 사람의 행복을 자신의 행복으로 받아들이는 것이다.[18]

하지만 라이프니츠가 제시한 '지혜로운 사람의 박애'로 정의 개념을 바로 이해하기에는 어려움이 있다. 그래서 그가 어떻게 이런 정의에 이르게 되었는지를 살펴볼 필요가 있다. 우선 라이프니츠는 "호로티위스의 자연법에 관한 기록"과 "만민 외교법 서문"에서 고대 회의론자 카르네아데스의 잘못된 정의

---

18) 이 책 "만민 외교법 서문", 109-110쪽.

개념을 지적하면서 자신의 손해를 감수하면서 다른 사람의 이익을 추구하는 것은 정의가 아니라는 점을 분명히 언급한다. 즉 누구든지 자신의 이익을 추구하는 것은 너무나 당연한 일이어서 그것을 부정하거나 자신의 이익을 포기하거나 손해를 감수하는 것은 결코 정의가 될 수 없다. 그래서 라이프니츠는 사람들을 정의롭게 행동하게 만드는 첫 번째 원리가 자기 자신의 유익이라고 주장한다. 그러나 문제는 다른 사람의 이익을 추구하는 것이다. 왜냐하면 자신의 이익과 타인의 이익이 충돌할 수도 있고, 타인의 이익보다는 자신의 이익을 더 우선시할 수도 있기 때문이다. 라이프니츠가 이 문제를 해결하기 위해 도입한 것이 '사랑'이라는 정서적 개념이다. 이 사랑 개념은 라이프니츠가 홉스의 견해에서 가져온 것으로 보이는데, 그에 따르면 우리가 누군가를 사랑한다는 것은 그 사람의 이익과 행복으로부터 기쁨을 얻는 것이라고 이해되기 때문이다. 따라서 우리가 다른 사람을 사랑한다면, 다른 사람의 이익을 추구할 것이다. 라이프니츠가 정의 개념에 박애, 즉 보편적 자비가 필요하다고 한 것은 자신의 이익뿐만 아니라 타인의 이익도 추구할 수 있는 방법을 이 사랑 개념에서 찾았기 때문이다. 말하자면 타인에 대한 사랑이 없으면 정의도 없는 것이다.

사랑 개념이 보편적 개념이기는 하지만 사리사욕에 집착하거나 올바른 이성을 따르지 않는 인간들에게 사랑의 감정과 그것에 따른 행위를 기대하는 것이 어느 정도 보편성을 가지고 얼마나 구속력을 가질 수 있을까? 이런 의문에 대해 라이프니츠는 다른 방법으로도 이 문제를 해결한다. 그것은 라이프니츠가 제시한 자연법의 세 등급 중 형평의 자연법을 적용하는 것이다. 즉 그는 자신의 이익을 추구하는 것뿐만 아니라 타인의 이익을 추구하는 것이 인간에게 자연적 권리이자 의무라고 주장하는 것이다. 라이프니츠는 "정의의 공통 개념에 관하여"에서 이 형평의 원리를 예를 들어 설명한다.[19] 만약 다른 사람이 피해를 입거나 이익을 얻을 상황에서 당신에게 도움을 요청했다고 가정하자. 이때 당신이 그 요청을 거절하면 다른 사람은 당신에게 항의할 것이다. 왜냐하면 당신도 같은 상황일 때 누군가에게 도움을 요청할 것이고 그가 요청을 거절하면 당신도 똑같이 항의할 것이기 때문이다. 라이프니츠는 이것을 다음과 같이 설명한다.

일반적으로 사람들은 당신에게 어떤 일을 하라거나 혹은 어떤 일을 잊으라고 요구한다. 당신이 그 요구를 거절하면, 사람들은 요구를 거절한 것에 대해 항의할 이유를 갖는다. 왜냐하면 사람들은, 당신이 그런 요구를 하는 사람의 입장에 있다면 당신도 동일한 요구를 할 것이라고 판단할 수 있기 때문이다. 그리고 이것이 형평Equité의 원리이며, 평등Egalité의 원리 혹은 동일한 이유의 원리와 같은 것이다.[20]

앞의 사례에서 내가 피해를 입거나 이익을 얻을 상황에서

---

[19] 이 주제에 관한 자세한 논의는 다음을 참조. 이상명, 「라이프니츠의 정의에 관한 두 저작: 2. 형평, 보편적 정의에 이르는 길」, 『철학 탐구』 76, 2024, 1-29쪽.
[20] 이 책 "정의의 공통 개념에 관하여", 158쪽.

다른 사람이 나의 도움을 거부하면, 어떻게 될까? 아마 나는 피해를 입거나 얻을 이익을 얻지 못할 것이다. 이것은 자신의 이익을 추구하고, 피해를 피하는 인간의 본성과도 맞지 않는 결과를 만든다. 즉 형평의 자연법을 지키지 않는 것은 다른 사람의 피해뿐만 아니라 자신의 피해도 방관하는 결과를 낳는다. 그래서 라이프니츠는 형평의 자연법이 타인의 입장에서 무엇이 정의로운 것인지 생각해 보라고 명하고, '자신이 원하지 않는 일을 다른 사람에게 행하지 말라'는 황금률을 규칙으로 삼는다고 말한다. 이를 통해 인간은 타인의 피해를 막는 것뿐만 아니라 적극적으로 타인의 이익을 추구하는 것도 의무임을 알게 된다. 타인에게 피해를 주거나 타인이 얻을 이익을 막는 행동은 형평의 원리에 따라 곧 자신에게 돌아와 내게 피해를 주거나 나의 이익을 막게 된다. 이것을 아는 것이 지혜이고, 현명함이다. 그래서 정의는 무엇이 내게 이로운 것인지 아는 지혜가 필요하다고 말하는 것이다. 이 형평의 자연법이 모든 사람에게서 지켜진다면, 모든 사람의 이익을 추구하는 보편적 자비, 즉 박애가 나타날 수 있다. 정의란 '지혜로운 사람의 박애'라는 정의는 이런 의미를 담고 있는 것이다.

5. 규범 논리학

라이프니츠의 자연법과 정의 이론의 특징 중 하나는 그가 이 연구를 통해 규범 논리학이라는 분야를 최초로 정립했다는 것이다. 그는 이 책에 번역된 "자연법의 원리"에서 '자연법 이론이 경험이 아니라 정의$_{definitio}$에 의존하며 감각적 증명이 아니라 이성적 증명에 의존하는 학문'이라고 규정한다. 그리고 정의 개념은 신도 바꿀 수 없는 필연적 진리이며, 정의 이론은 정의에 대한 정의와 논리학의 규칙들을 사용해 증명할 수 있는 학문이라고 주장한다. 즉 자연법에 관한 학문은 수학과 논리학처럼 명사$_{名辭}$를 정의하고 연역적으로 추론하여 증명할 수 있는 학문이다. 이 주장은 곧 인간이 이성적 추론을 통해 자연법과 정의가 무엇인지 알 수 있다는 것을 의미한다. 최고 등급의 자연법이 신법을 포함하고 있을지라도, 신이 알고 있는 정의가 인간이 알고 있는 정의와 다르지 않기 때문이다. 그래서 라이프니츠에게 정의를 정의하는 것이 중요했고, 최종적 정의를 찾으려고 노력한 것이다. 그리고 그의 최종적 정의에 해당하는 것이 '지혜로운 사람의 박애'이다. 이 최종 정의에 이르기 전 "자연법의 원리: 정의와 정리"에서 라이프니츠는 정의와 자연법에 관련된 주요 개념들을 정의하고 그 정의로부터 연역적으로 도출될 수 있는 정리들을 기술했다. 이 작업으로 인해 라이프니츠는 규범 논리학$_{deontic\ logic}$이라는 새로운 분야를 발견한 것으로 알려지게 된다.

　우선 라이프니츠는 자연적 권리와 의무가 흐로티위스가 말하는 '도덕적 자질'$_{Qualitas\ Moralis}$과 같다고 말하고, 이것은 곧 '좋은 사람'$_{vir\ bonus}$의 자질과 같은 것이라고 기술한다. 따라서 자연적 권리와 의무는 좋은 사람의 도덕적 역량과 자질이라고 할 수 있다. 그래서 라이프니츠는 "정의는 모든 사람을 사랑하는 태도이다. [자연적] 권리는 좋은 사람에게 잠재력$_{potentia}$이다. [자연적] 의무는 좋은 사람에게 필연적인$_{necessitas}$ 것이다."[21]라고 정의한다. 그리고 라이프니츠는 이 '좋은 사람'을 자신의 정의 개념에 맞춰 '모든 사람을 사랑하는 사람'이라고 정의함으로써 정의는 곧 좋은 사람이 모든 사람을 사랑하는 태도가 된다. 이 정의에 따르면 자연적 권리는 도덕적 잠재력이고, 잠재력은 가능성, 즉 행할 수 있는 것, 허용된 것을 의미한다. 또한 자연적 의무는 도덕적 필연성이고 필연성은 반드시 행해야 하는 것, 즉 의무를 의미한다. 이 의무에 대한 정의는 '모든 의무는 유익한 것이다.'라는 명제와 연결되어 있고, 그래서 우리는 자신의 이익 추구가 인간의 이기적 본성에서 비롯되었다는 것뿐만 아니라 라이프니츠가 자기 이익 추구를 자연적 의무로 보고 있다는 것도 확인할 수 있다. 라이프니츠가 자연적 권리와 의무를 이렇게 정의한 것은 허용, 금지, 의무, 의무가 아닌 것 같은 도덕적 규범의 용어들을 양상 논리의 개념, 즉 가능성, 불가능성, 필연성, 우연성 개념과 연결하여 정의했기 때문이다. 그래서 라이프니츠는 다음과 같이 정의한다.

> 정의로운 것, 허용된 것Licitum은 좋은 사람이 행하는 것이 가능한 모든 것이다.
> 부정의한 것, 금지된 것은 좋은 사람이 행하는 것이 불가능한 모든 것이다.
> 형평, 의무인 것Debitum은 좋은 사람이 행하는 것이 필연적인 모든 것이다.

---

21) 이 책 "자연법의 원리: 정의와 정리", 65-66쪽.

의무가 아닌 것은 좋은 사람이 행하는 것을 생략할 수 있는 모든 것이다.[22]

라이프니츠는 이 정의를 통해 가능성, 불가능성, 필연성, 우연성 개념은 허용, 금지, 의무, 의무가 아닌 것이라는 도덕적 규범에 사용되는 용어를 설명할 수 있도록 연결했다. 그리고 이 논리적 양상이 자연법의 양상과 연결되는 것을 보이기 위해 행위 혹은 발생의 양상과 진리의 양상을 더해 다음과 같은 정의를 추가한다.

가능한 것은 일어날 수 있는 모든 것이다. 즉 어떤 경우에 참인 것이다. (명확하고 구별되게 이해되는 것이다.)
불가능한 것은 일어날 수 없는 모든 것이다. 즉 모든 경우에 혹은 어떤 경우에도 참이 아닌 것이다. (명확하고 구별되게 이해되지 않는 것이다.)
필연적인 것은 일어나지 않을 수 없는 모든 것이다. 즉 모든 경우에 참이거나 어떤 경우에도 참이 아니지 않은 것이다. (그것의 반대가 명확하고 구별되게 이해되지 않는 것이다.)
우연적인 것은 일어나지 않을 수 있는 모든 것이다. 즉 어떤 경우에 참이 아닌 것이다. (그것의 반대가 명확하고 구별되게 이해되는 것이다.)[23]

---

22) 이 책 "자연법의 원리: 정의와 정리", 66쪽.
23) 이 책 "자연법의 원리: 정의와 정리", 68쪽.

이 일련의 정의들을 제시하고 나서 라이프니츠는 "아리스토텔레스와 다른 철학자들이 논리학에서 증명했던 모든 양상의 연결, 전환, 반대는 우리의 이 자연법의 양상Juris Modalia으로 매우 유용하게 옮겨질 수 있다."고 쓴다. 그가 말하는 의미는 이 정의들을 결합하여 아리스토텔레스의 대당 사각형으로 다음과 같이 도식화하면 라이프니츠가 발견한 자연법과 정의의 규범 논리학적 구조가 명확하게 드러난다.[24]

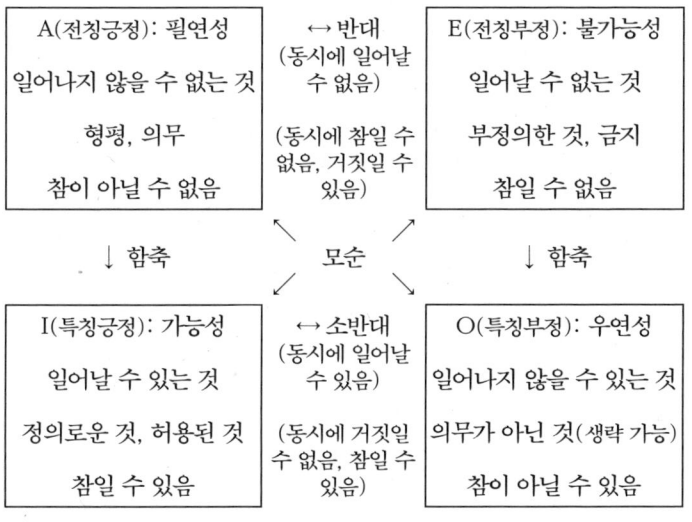

24) 라이프니츠 자연법의 규범 논리학적 구조를 아리스토텔레스의 대당 사각형과 연결한 이 도식은 존스의 연구에서 도움을 받았다(Christopher Johns, *The Science of Right in Leibniz's Moral and Political Philosophy*, New York, 2013, pp. 51-53 참조).

자연법의 양상은 자연적 의무에 해당하는 필연성과 자연적 권리에 해당하는 가능성을 중심으로 하는 논리적 구조를 가지고 있다. 나머지 두 양상은 이 둘로부터 도출될 수 있는 구조이다. 그리고 자연법의 양상이 갖는 논리적 관계는 정언 논리의 대당 사각형이 갖는 논리적 관계와 같은 논리적 구조를 가지고 있다.

예를 들어 한 명제 p에 대해, p가 필연적이라면(□p), 이로부터 p가 가능하다는 것(◇p)을 도출할 수 있다. 하지만 p가 가능하다는 것으로부터 p가 필연적이라는 것은 도출할 수 없다. 또한 p가 필연적이라는 것과 p가 불가능하다는 것은 동시에 참일 수 없다. □p가 참이면, ∞□p는 거짓이다. 그러면 한 명제 p를 규범 명제라고 할 때, p에 대해서도 살펴보자. p가 의무라면(Op), 이로부터 p가 허용된다는 것(Pp)을 도출할 수 있다. 하지만 p가 허용된다는 것으로부터 p가 의무라는 것은 도출할 수 없다. 또한 p가 의무라는 것과 p가 금지된 것이라는 것은 동시에 있을 수 없다. Op가 참이면, ∞Op는 거짓이다. 규범 논리학에서 규범 명제 p가, 정의로운 것, 허용된 것이면(I), p는 동시에 부정의한 것, 금지된 것(E)일 수 없고, p가 의무이면(A), 동시에 의무가 아닌 것이거나 생략할 수 있는 것(O)일 수 없다.

하지만 자연법의 규범 논리학적 구조가 개인의 도덕적 자질이나 역량을 증가시키거나 감소하는 것은 아니다. 예를 들어 '타인에게 피해를 주지 말라'는 규범 명제가 의무라고 해서, 즉 어떤 사람이 이 명제를 의무로 인정한다고 해서 그 사람이 언제나 타인에게 피해를 주지 않는 것은 아니다. 왜냐하면 개인의 행동은 개인의 자유, 즉 도덕적 가능성에 달려 있기 때문이다. 위 도식은 정의가 자연적 권리 혹은 가능성의 영역에 속할 뿐이고 형평의 자연법이 자연적 의무 혹은 필연성의 영역에 속한다는 것을 보여 준다. 그럼에도 자연법의 논리학은 '타인에게 피해를 주지 말라'는 명제가 의무이면, 그 반대 명제, 즉 타인에게 피해를 주는 것은 부정의하고 금지된 것임을 보여 준다. 라이프니츠가 '모든 사람을 사랑하는 사람'이라고 정의한 '좋은 사람'은 이 명제를 의무로 여길 것이고 좋은 사람이 그렇게 행하는 것은 도덕적으로 필연적이다. 또한 좋은 사람이 그런 행동을 의무로 여길 수 있는 것은 좋은 사람이 그렇게 행동하는 것이 가능하기 때문이다. 그래서 라이프니츠는 자연적 권리는 좋은 사람에게 가능한 것이고, 자연적 의무는 좋은 사람에게 필연적인 것이라고 정의한 것이다.

라이프니츠가 규범 논리학을 발견했다고 언급하는 연구는 많이 있지만 구체적으로 그 체계를 제시하지는 않았다. 여기 소개된 자연법의 양상 혹은 규범 논리학적 구조는 그가 자연법 이론을 필연적 진리를 다루는 학문인 수학과 논리학같이 개념의 정의와 증명을 통해 연역적으로 논증할 수 있는 학문이라고 주장하고, 또 그것이 어떻게 구성되는지 제시한 것이라고 할 수 있다.

찾아보기

ㄱ~ㄹ

경건 pietas/pieté 19, 23-25, 30, 69, 79, 94, 111, 114, 169, 170, 175, 181

교환적 정의 jusitia cimmunitiva/justice communitive 21, 22, 70, 82, 111, 112, 168, 169

권리 jus/droit 9-11, 16, 21-23, 45, 49, 54, 63, 65, 66, 77, 94, 101, 108, 109, 112, 115, 118-120, 129, 131, 132, 135, 151, 155, 157, 169-175, 177, 178, 189, 192

권한 facultas 21, 22, 65, 78, 112, 113, 120, 129, 161

노아 173

니촐리오, 마리오 42, 46

『도덕의 기원』(S. 스트리메시우스) 87

디오니시오스 134

라이허, 사무엘 86

라파엘로 산치오 110

레이우엔훅, 안톤 판 148, 149

리비우스, 티투스 31

리산드로스 100

ㅁ~ㅅ

만민법 jus gentium 11, 33, 78, 79, 99, 100, 107, 108, 117, 119, 120, 174

몬잠바노, 세베리누스 데 120

바니니, 루칠리오 32

박애 charitas/charité 69, 109-112, 114, 122, 125, 153, 154, 168, 175, 196, 197, 199

법 lex/loi 9, 18, 21, 23, 33-35, 44, 54, 63, 67, 71, 77-79, 81, 82, 99, 100, 104, 108, 116-118, 132, 140, 141, 164, 170, 185, 186, 188-192, 194

『법학의 기초』(요한 폰 펠덴) 18

보편적 정의 justitia universalis/justice universalle 22, 30, 50, 65, 70, 82, 99, 111, 116, 168, 169

분배적 정의 justitia distributiva/justice distributive 22, 83, 111, 113, 159, 168

새록, 로버트 15, 18, 86

순수한 권리 jus merum 18, 19, 23, 24, 112, 114

스트리메시우스, S. 87

『시민론』(토머스 홉스) 17

시민법 jus civile 11, 24, 78, 79, 82, 99, 100, 117

실증적 신법 jus divinus positivum 23, 118

ㅇ

아담 172, 173

아르키메데스 35

아리스토텔레스 10, 15-18, 21, 53, 69, 74, 143, 169, 175, 176, 181, 203

아메시우스, G. 86
아이체마, 리우어 판 101, 102
아킬레우스 32
얀센, 코르넬리우스 128
『양심의 사례』(G. 아메시우스) 86
엄격한 권리jus strictum 19, 20, 22, 24, 55, 111-114, 158, 168-170, 172-175, 177, 181
에로디우스 34
에우리피데스 163, 177
에피쿠로스 10, 15, 16, 19, 39
올바른 이성ratio recta 17, 29, 47, 52, 77-79, 81, 197
울피아누스, 도미티우스 81, 82, 100
유클리드 74, 152
의무officium 11, 22, 23, 48, 62, 63, 66, 67, 71-77, 85, 93, 96, 109, 112, 120, 125, 132, 153-156, 161, 163, 175, 198-202, 204, 205
『의무론』(마르쿠스 툴리우스 키케로) 16
이익bonum/bien 28, 30, 32, 39, 41, 42, 46-52, 54, 56-58, 61, 62, 70, 79, 82, 91, 93, 94, 103, 106, 110, 114-116, 118, 122, 124, 125, 141, 142, 153-164, 167, 168, 172, 178, 195-199, 201

ㅈ
자격aptitudo 22, 111-113
[자연]법jus/droit 12, 15, 43, 44, 73, 108, 111, 113, 114, 116, 117, 158, 174, 189, 190
자연법jus naturae 9-12, 15-26, 29, 30, 33, 39, 43-45, 50, 52, 55, 58, 65, 77-80, 82, 85, 86, 91, 92, 99, 100, 108, 111, 117, 119, 132, 135, 140, 156, 178, 180, 181, 184-187, 189-191, 195, 197, 199, 200, 203-205
『자연법과 만민법에 관하여』(사무엘 푸펜도르프 남작) 86
『자연법에 따른 의무론』(로버트 섀록) 18
자연법의 양상juris modalia 65, 67, 69, 74, 202-205
자연적 권리jus naturale 11, 15, 20, 63, 66, 116, 117, 131, 198, 200, 201, 204, 205
자연적 이성raison naturalle 100, 174
정의justitia/justice 9, 12, 22, 25-27, 29, 33, 34, 37, 43-48, 50-54, 56-58, 61, 62, 65, 66, 69-71, 73, 77, 79, 80, 82, 91, 94, 99, 108-110, 112, 117, 122, 124, 127-137, 139-141, 151, 153-155, 160, 162-169, 175, 180, 181, 183-197, 199-201, 203, 205
정의로운 것justum/droit 9, 10, 16, 17, 23, 24, 28, 30, 32, 40, 41, 43-45, 47, 48, 50-52, 54-56, 62, 63, 66, 67, 71, 72, 74-77, 127, 130, 131, 133-135, 139-141, 159, 160, 185-195, 199, 201, 204
『좋은 것에 관하여』(스포르차 팔라비치노) 17
좋은 사람vir bonus 65-67, 69, 71, 72, 80, 81, 100, 109, 142, 154, 200-202, 205

지혜로운 사람의 박애 charitas sapientis
50, 69, 77, 99, 109, 153, 160,
181, 183, 196, 199, 200

ㅋ~ㅍ
카르네아데스 27, 109, 196
카이사르, 율리우스 163
칼뱅, 장 128
콘링, 헤르만 33
쾌락 voluptas 40, 48, 59, 60, 62, 69
쿠르티우스, 마르쿠스 31, 51, 52
크세노폰 113
키케로, 마르쿠스 툴리우스 10, 15,
16, 28, 39, 59, 100, 163, 165
태도 habitus 57, 62, 65, 66, 110,
121, 122, 196, 200, 201
팔라비치노, 스포르차 15, 17, 24
펠덴, 요한 폰 15, 18, 21
평등 aequalitas 21, 82, 114, 158,
159, 162, 198
푸펜도르프, 사무엘, 남작 86, 87,
179
프로코피우스 103
플라톤 10, 15, 16, 23, 25, 27, 39,
44, 127, 130, 143, 181, 188,
191

플로렌티누스 34
필머, 로버트 169, 172, 173

ㅎ
『학설휘찬』 77, 78
행복 felicitas/felicité 37, 40, 42, 47-
49, 58, 69, 70, 80, 81, 92-95,
110, 111, 113-116, 121, 125,
146, 153, 160, 163, 167, 175,
196, 197
현명함 prudentia/prudence 46, 47,
54, 62, 167, 199
형평 aequitas/equité 19, 21-24, 41,
43, 62, 63, 65-67, 85, 111-114,
156, 158, 159, 162, 169, 170,
172, 173, 175, 181, 197-199,
201, 205
호라티우스 플라쿠스, 퀸투스 38
홉스, 토머스 10, 15, 17-20, 22,
25, 32, 35, 54, 128, 131-133,
161, 169-171, 173, 179, 191-
193, 197
호로티위스, 휘호 10, 15, 16, 18,
20-22, 25, 27-30, 33-35, 52,
54, 66, 103, 112, 113, 178, 179,
191, 200